CHINE
Mékong
Salween
TIBET
Drepung p. 176-177
Lhassa p. 170-175 ; 178-187
Tsangpo (Brahmapoutre)
7756
Nanjagbarwa
Feng
Tsangpo (Brahmapoutre)
Shigatse p. 198-203
Gyantse p. 188-197
Dingri
p. 168-169 ; 204-209
Himalaya
athmandou p. 112
Punakha p. 138-139 ; 141 ; 162-163
Taktsang p. 144-145
Tongsa p. 140 ; 142-143
Paro p. 146-147
Wangdiphodrang p. 150-161
8848
Mont Everest
8598
Kanchenjunga
adgaon
Thimphu p. 124-137
Simtokha
BHOUTAN
Domkhar p. 149
Brahmapoutre
Brahmapoutre
Guwahati
INDE
Brahmapoutre
BANGLADESH

Himalaya

Himalaya

monastères et fêtes bouddhiques

Suzanne Held

Textes de Nathalie Bazin

GEO
Gallimard

Préface

Trente ans de reportages rassemblés dans cet *Himalaya* où chaque photo a une histoire. Moments de joie intense, difficiles parfois, de cette vie à des altitudes allant de 3 000 à plus de 5 000 m.

Comment témoigner, donner tout à la fois : la notion de démesure, de souffle court, d'effort pour atteindre ces lieux de recueillement, endroits choisis, perchés dans des décors somptueux ?

Que peut-on faire quand les limites de l'extrême sont atteintes ? Il reste le surnaturel, l'introspection profonde dans ces lieux de prière, de méditation, trouvés au moment même où le doute s'installait. Ces monastères isolés du monde où résonnent les voix graves des moines récitant des prières accompagnées du son des trompes, des gongs et des cymbales.

Himalaya : une grande leçon d'humilité.
Les conditions de vie d'une extrême dureté – certaines régions sont coupées du monde pendant six mois de l'année – ont forgé des êtres infiniment courageux, énergiques et sensibles.
Nul ne reste au bord du chemin, la notion d'entraide est vécue au quotidien.

Ils m'ont tout donné : j'ai été accueillie, acceptée. Mais pour eux la grande question demeurait : que venais-je chercher en parcourant seule ces hauts plateaux tibétains ?

Les plus beaux instants ?
La joie de retrouver mes deux sherpas népalais, francs et rieurs, venant me chercher dans cette vieille Jeep pour repartir sur les routes himalayennes. Malgré le froid, l'inconfort, tout cela était balayé par la sensation unique de plénitude au moment de réaliser mes rêves les plus fous. Peut-on imaginer une rivière turquoise aux reflets argent, des moines tourbillonnant jusqu'à l'extase ?

Comme tout me semblait vain au retour.

Je dédie ce livre à tous ceux dont j'ai croisé les regards de bonté et de compassion pendant tous ces voyages ; à mon chirurgien qui m'a sauvée, réduisant mes multiples fractures après un accident en Papouasie ; à celui qui n'est plus et qui croyait en moi, me transmettant encore force et énergie.

C'est l'amour donné et reçu, comme une grâce qui fait de chaque instant un moment unique.

Suzanne Held

Paris, 18 juillet 2003.

Sommaire

Introduction

L'Himalaya bouddhique

L'Himalaya, « lieu de neige », est par son histoire géologique et son relief le royaume de la démesure ; il est celui du mystère, car les légendes y foisonnent et le bouddhisme pratiqué sur une grande part de son étendue revêt un caractère ésotérique. Domaine des dieux et du sacré, de la beauté et de la pureté alliées à une formidable puissance, il est également celui de la diversité, par la multitude d'aires géographiques et politiques qu'il recouvre, par ses paysages, ses climats, ses populations et les manifestations de son art. Situé entre ciel et terre mais aussi au carrefour stratégique du monde indien et du monde tibétain, l'Himalaya est un univers privilégié où se mêlèrent hommes et dieux, cultures, religions et ethnies. C'est pourquoi la région exerça un irrésistible attrait sur les hommes, qu'ils fussent moines, ascètes, commerçants, pèlerins, missionnaires ou explorateurs.

Une histoire géologique exceptionnelle

L'Himalaya naquit de la formidable collision, il y a quelque cinquante-cinq millions d'années, entre l'Asie et l'Inde, après que celle-ci se fut détachée de l'ancien et immense continent du Gondwana pour dériver vers le nord. Ce choc donna lieu, en effet, à la création, trente millions d'années plus tard, des plus hautes chaînes de montagnes de la Terre, sur une étendue plus de cinq fois supérieure à la surface de la France.
Du monde himalayen, véritable château d'eau de l'Asie, s'écoulent nombre des grands fleuves du continent, quatre d'entre eux prenant naissance dans la région du mont Kaïlash, au Tibet occidental. Le développement de l'Himalaya a entraîné la formation progressive du plateau le plus vaste de la planète, celui du Tibet, d'une taille comparable à celle de l'Europe occidentale. Située à près de 5 000 m d'altitude, cette gigantesque steppe plate constitue véritablement le « Toit du monde ».

Des vallées semi-tropicales aux montagnes arides

La chaîne forme, de l'Indus au Brahmapoutre, un arc immense et continu séparant le haut plateau tibétain de la plaine du Gange. Avec des sommets culminant à plus de 8 000 m, l'Himalaya forme pour les Indiens une frontière protectrice contre les envahisseurs.
Mais il est, plus encore, une barrière infranchissable par les pluies de mousson. C'est ainsi que se déploient, au sud et au nord de la chaîne, des paysages, une faune et une flore très contrastés. Alors que le Népal ou le Bhoutan sont largement arrosés et offrent au regard des paysages souvent très verdoyants, des forêts, des terres fertiles aux cultures en terrasses savamment réparties, le Spiti, le Ladakh, ou « pays d'entre les cols », le Tibet occidental et central ne bénéficient pas, eux, des pluies de mousson et leurs hauts plateaux, les pentes de leurs vertigineux sommets, ont un aspect minéral et dénudé, aux terres de nuances variées.
Cette aridité, néanmoins, est parfois rompue par les oasis de verdure qui ponctuent les rives des cours d'eau ou par des cultures que l'irrigation fait surgir comme par magie, au fond des vallées. Ces contrastes sont d'autant plus saisissants qu'ils se manifestent sur de très courtes distances, telle celle qui sépare la plaine du Teraï, dans le sud du Népal, des sommets enneigés du nord du pays. La géographie bhoutanaise est aussi emblématique puisque sur une superficie très réduite, dans un pays occupant une position charnière sur le plan écologique, le voyageur passe du domaine semi-tropical au domaine alpin en traversant une région centrale tempérée qui reçoit la mousson.

Une frontière franchissable

Le monde himalayen abrite de multiples sociétés et groupes culturels que le relief, le climat ou l'altitude ont en partie isolés les uns des autres, ou au contraire, reliés. Cependant, aucune difficulté n'empêcha jamais les voyageurs de toutes sortes, notamment marchands

et religieux, d'emprunter les pistes himalayennes et de franchir les hauts cols, bravant à pied tous les dangers au péril de leur vie, avec chevaux, mules, yacks ou chameaux comme animaux de bât, durant de longues semaines et sur plusieurs centaines de kilomètres.
Les chemins devenaient parfois d'étroits sentiers longeant de vertigineux abîmes ou traversant des torrents impétueux sur des ponts fragiles. Biens et marchandises devaient dans ce cas être transportés à dos d'hommes. Certaines pistes étaient préférées à d'autres selon les saisons, et si l'hiver bloquait l'accès par voie de terre aux régions soumises à un climat particulièrement rude, des fleuves alors couverts par la glace pouvaient être ponctuellement traversés voire empruntés, autorisant pour une courte période de nouvelles communications. Ainsi, alors que la neige coupe encore du monde la rude vallée du Zanskar près de huit mois par an, la rivière gelée du même nom permet durant quelques semaines de se rendre à Leh de façon plus directe qu'en été, en évitant les cols. Le Ladakh était un lieu stratégique d'échanges sur les voies caravanières reliant le nord de l'Inde, l'Asie centrale et le Tibet. Enfin, la souriante vallée de Kathmandou unissait la plaine indo-gangétique et le plateau tibétain sur les plans aussi bien économique que culturel et religieux.

Dieux-montagnes, déesses-lacs, une géographie sacrée

Géologie et géographie himalayennes ont imprimé leur marque sur les modes de vie des populations de ces régions, leurs croyances et leur conception du monde. Sacré aux yeux des hindous, en Inde comme au Népal, l'Himalaya est le séjour des dieux et est lui-même déifié, tout comme certains de ses sommets, Himalaya étant le nom du père de la déesse Parvati, tandis qu'Annapurna désigne une déesse dispensatrice de prospérité.
C'est dans l'Himalaya que la cosmogonie hindoue place le mythique mont Meru, centre et axe du monde, au sud duquel se dresse le mont Kaïlash, résidence du couple divin formé par Shiva et Parvati. Le Kaïlash, peu à peu identifié au mont Meru lui-même, est lié au lac Manasarovar, qui s'étend à quelques kilomètres et dont la création est attribuée, dans la mythologie hindoue, au dieu Brahma. L'Uttarakand, le « pays du Nord », dans l'Himalaya indien occidental, est une région où les pèlerins hindous se rendent par milliers et où résident nombre de renonçants.
Le bouddhisme a adopté cette conception cosmique du mont Meru, et les montagnes omniprésentes occupent aussi dans sa géographie sacrée une position prééminente. C'est parmi leurs purs sommets que résident les ascètes et les dieux et la peinture tibétaine ancienne se plaît à figurer divinités, grands yogis ou abbés de monastère, trônant au sein de grottes de montagne. Le mythique et resplendissant royaume de Shambhala, déjà présent dans la mythologie hindoue, est localisé par certains lamas tibétains dans le nord du Tibet, et selon la tradition, est entouré d'une double chaîne de montagnes enneigées, dissimulant la « vallée cachée » à la vue ordinaire. Là est précieusement conservée la Connaissance qui permettra à l'homme actuel, plongé dans le malheur et l'ignorance, de parvenir à la Libération. Les représentations de Shambhala sont devenues très populaires dans la peinture du bouddhisme tibétain, au cours des derniers siècles. En accord avec d'autres traditions, les populations himalayennes considèrent que le monde qui les entoure est habité par diverses catégories d'entités non humaines et de puissances invisibles, et elles entretiennent avec celles-ci d'étroites relations. Les dieux-montagnes, à l'aspect guerrier, qui protègent les êtres humains nés sur leur domaine et sont vénérés selon les cas à l'échelle d'une région ou du pays tout entier, font partie intégrante de la culture tibétaine, qui voit en eux des ancêtres fondateurs et considère que le Tibet est lui-même au centre du monde. Leur culte remonte à l'époque prébouddhique et assure

prospérité à la communauté si elle sait se les rendre propices. Ils peuvent aussi rendre des oracles par le biais de médiums. Comme les hindous, les pèlerins bouddhistes déambulent rituellement autour des montagnes les plus sacrées, en particulier le Kaïlash qui est, à leurs yeux, la résidence du dieu tutélaire Cakrasamvara, située au cœur de son mandala.
Un rôle symbolique, en rapport avec le yin et le yang de la tradition chinoise, est en outre attribué à l'adret et à l'ubac des montagnes. Selon la tradition tibétaine, ces dernières possèdent parfois la surprenante capacité de se déplacer et de voler. C'est ainsi que plusieurs d'entre elles seraient parvenues de l'Inde jusqu'au Tibet, l'une ayant par exemple recouvert un lac aux eaux empoisonnées. Cependant, la dégénérescence du bouddhisme dans le pays pourrait, dit-on, remettre en cause la pérennité de leur présence.
Les lacs, poétiquement comparés au Bhoutan à des vases d'abondance ou des coupes d'ambroisie, peuvent être source de visions, et l'objet d'une dévotion particulière, tel celui de Lhamo Latso, au sud-est de Lhassa, au-dessus duquel la déesse protectrice Palden Lhamo se manifesta au IIe Dalaï Lama (1475-1542). Ce lac fut visité dès lors par tous ses successeurs. Différentes régions tibétaines se trouvaient ainsi sous la protection de divinités auxquelles un culte était rendu, afin qu'elles continuassent d'assurer cette fonction pour le bien-être du Dalaï Lama et de la population tout entière.
Reflets d'une géographie sacrée, dieux-montagnes et déesses-lacs peuvent former des couples divins engendrant des enfants. Gesar, héros de la grande épopée tibétaine, est le fils humain d'une montagne et d'une divinité des eaux. Selon plusieurs légendes, certains de ces dieux choisirent dans le passé une mortelle pour épouse. En outre, la conception selon laquelle montagnes, lacs, arbres... peuvent être le support du principe vital d'un individu, d'un groupe ou de toute la nation, montre combien la relation traditionnelle unissant les hommes à leur milieu naturel est étroite. Les pierres elles-mêmes, partout présentes dans le monde tibétain, sont associées à nombre de rites pratiqués avec dévotion par une population qui voit en elles un élément chargé de puissance.

Les trois étages du monde

Les tons contrastés du paysage semblent avoir déterminé l'association entre certaines couleurs et les trois étages d'un monde centré et hiérarchisé : le blanc pour le monde céleste des dieux, le jaune pour celui des hommes, où errent également des esprits nommés *tsen* dans le monde tibétain, le bleu pour les divinités du monde souterrain et aquatique. Des animaux réels ou mythiques sont aussi liés à ces divers niveaux. Ainsi, alors que dans le ciel vole l'oiseau mythique *khyung*, les glaciers et les neiges éternelles sont le royaume de la « lionne blanche à crinière de turquoise ».
Au Bhoutan, où tous les éléments du paysage sont également sacrés et donc protégés, les montagnes sont identifiées à des éléphants couchés, symbole de force, à des lions fièrement campés, représentant le courage, ou encore à des *khyung* prenant leur envol.

Le Véhicule du Diamant

Les conditions physiques qui régissent la vie himalayenne semblent être en elles-mêmes une incitation à la recherche spirituelle. La vision d'étendues infinies et des sommets, la pureté de la lumière, le silence, l'ivresse que provoque la raréfaction de l'oxygène, le cheminement lent, progressif et souvent difficile vers les hauteurs, qui ralentit peu à peu les pensées et modifie les perceptions, sont autant des expériences du corps et des sens que de l'esprit, étroitement mêlées, où physique et sacré sont réunis.
L'hindouisme occupe une place fondamentale dans l'Inde himalayenne ainsi qu'au Népal. L'islam est, lui, présent au Ladakh, situé à l'extrême ouest de l'aire

culturelle tibétaine. Néanmoins, une large partie des populations du monde himalayen est unie par la pratique du bouddhisme qui, dans ces régions, s'est répandu sous sa forme tantrique, nommée Vajrayana ou « Véhicule du Diamant », cette pierre étant inaltérable, pure et claire comme l'esprit de l'être parvenu à l'Éveil. La blancheur étincelante des glaciers est souvent comparée dans la poésie tibétaine à celle du diamant, ou *vajra* en sanskrit, symbole fondamental du bouddhisme tantrique. Ce courant qui semble se développer en Inde à partir du VIIe siècle prolonge et intègre les phases plus anciennes du bouddhisme qui l'ont précédé depuis sa naissance, au Ve siècle av. J.-C. Cependant, alors que, selon le bouddhisme ancien, la libération n'était accessible qu'aux seuls moines, et ce au terme d'un grand nombre d'existences successives, le courant tantrique considère que tout être peut parvenir au salut, en l'espace d'une seule vie terrestre, au moyen d'intenses pratiques à la fois physiques et psychiques. Cette voie met l'accent sur la pureté primordiale de tous les phénomènes et de l'esprit, que la pratique permet de découvrir.
En outre, la relation de maître à disciple revêt dans le tantrisme tibétain une importance extrême, d'où l'appellation de « lamaïsme » qui lui a été attribuée autrefois par l'Occident, le lama désignant en tibétain le maître, équivalent de *guru* en sanskrit.
Celui-ci représente le Bouddha lui-même, dont il transmet l'enseignement et c'est donc en lui que le disciple doit avant tout trouver refuge, selon une notion commune à tous les ordres religieux. Le terme sanskrit *tantra*, qui désigne des ouvrages rédigés à partir du VIIe siècle environ et dont dérive celui de tantrisme forgé par les orientalistes, signifie d'ailleurs « fil », « trame » et, par voie de conséquence, « filiation spirituelle ». Cette dernière assure la transmission ininterrompue des enseignements et de la tradition de maître à disciple.

Diffusion du bouddhisme dans le monde himalayen

La vallée de Kathmandou : un lieu de refuge au syncrétisme original

Le Bouddha naquit au Ve siècle av. J.-C. à Lumbini, site qui appartient aujourd'hui au Teraï népalais, situé près de la frontière indienne et les plus anciens vestiges bouddhiques du Népal précèdent l'ère chrétienne de plusieurs siècles.
Il faut souligner que le terme « Népal » ne désignait, avant la fin du XVIIIe siècle, que la seule vallée de Kathmandou. La création de celle-ci est d'ailleurs associée par les bouddhistes à Manjushri, bodhisattva de la Connaissance qui l'aurait asséchée alors qu'elle était recouverte par un lac dont l'existence à une époque très ancienne est confirmée par les géologues. Bien qu'une importante communauté bouddhique soit implantée à Kathmandou, Patan est la plus ancienne et la principale cité bouddhique de la vallée, qui compte encore plus de trois cent cinquante monastères, les principaux possédant chacun de multiples filiales.
Le bouddhisme sous sa forme tantrique n'aurait cependant connu au Népal de véritable épanouissement qu'à partir du XIe siècle, lors de la venue du missionnaire indien Atisha, qui se dirigeait vers le Tibet. Patan, dont le plan même évoque un mandala, fut un haut lieu du savoir fréquenté par de nombreux érudits, qu'ils fussent népalais, indiens ou tibétains.
La vallée de Kathmandou devint un lieu de refuge pour de nombreux moines, érudits et artistes, alors que la violence des invasions musulmanes à la fin du XIIe siècle portait un coup fatal aux grands et prestigieux centres monastiques du nord-est de l'Inde. Coupé à partir de cette époque de ses racines indiennes, le bouddhisme connut dans la Vallée une évolution originale et, s'éloignant peu à peu de la discipline traditionnelle, nombre de moines se marièrent et installèrent leur famille au monastère. La laïcisation marquée des moines

et des monastères est devenue l'une des caractéristiques majeures du bouddhisme népalais, et les jeunes garçons, après la cérémonie de tonsure qui tient lieu d'ordination, ne mènent une vie de moine que durant quelques jours. Devenus adultes, ils peuvent exercer un métier profane, notamment celui d'artisan du métal. Ils s'emploient alors à la réalisation des images sacrées, bouddhiques ou hindoues. Les plus érudits et ceux dont l'autorité spirituelle est reconnue sont les *vajracarya*, c'est-à-dire « maîtres de *vajra* ». Ils transmettent à ce titre les enseignements du bouddhisme tantrique et en dirigent les cérémonies. Les monastères, étant donné leur importance démographique et économique, formèrent un pouvoir avec lequel l'autorité des souverains népalais, qui eux étaient hindous, dut compter.
En dépit de leur sécularisation, ils demeurent de nos jours des centres actifs du culte et de la vie religieuse.
Des groupes variés de populations tibétaines et indo-népalaises se côtoient dans le pays. Le Mustang, royaume politiquement rattaché au Népal, ainsi que le Dolpo, tous deux situés au nord de la chaîne himalayenne, sont en fait des régions tibétaines sur le plan géographique et ethnique, et leurs habitants pratiquent le bouddhisme tibétain, de même que ceux du Solu-Khumbu, patrie des Sherpa, dans la région de l'Everest. Mais les pèlerins tibétains étaient nombreux dans la vallée de Kathmandou depuis l'invasion musulmane en Inde, et les plus riches d'entre eux firent de précieuses donations pour l'entretien des principaux monuments bouddhiques.
En outre, à la suite de l'invasion chinoise au Tibet dans les années 1950, le Népal est devenu une région d'accueil de la communauté et de la tradition tibétaines, qui y sont florissantes.
Alors que l'hindouisme constitue la religion officielle du pays, un syncrétisme original s'est développé dans la Vallée, mêlant étroitement bouddhisme et hindouisme, qui y coexistent depuis l'époque la plus ancienne.
Le culte qui entoure la Kumari, déesse vivante, en est un célèbre témoignage, de même que celui du dieu Matsyendranath, identifié par les bouddhistes à Lokeshvara, le « Seigneur du monde ». Tous deux sont vénérés par les adeptes des deux courants. Les rites bouddhiques comportent de nombreux éléments hindous, certains empruntés plus spécialement au shivaïsme tantrique et, depuis les réformes de l'ordre social instaurées par le roi Sthitimalla (1382-1395), la communauté des moines est organisée à l'image d'une caste hindoue, équivalente à celle des brahmanes, à laquelle on ne peut appartenir que par la naissance. Ses membres portent le titre héréditaire de *banra*, ou « honorable ».

Sur le Toit du Monde

Si le bouddhisme semble avoir été présent au Ladakh plusieurs siècles avant qu'il ne passe sous domination tibétaine en 721, il ne pénètre officiellement au Tibet qu'au VIIe siècle, au début de la période monarchique (VIIe-IXe siècle), sous le règne du roi Songtsen Gampo. Mais c'est à partir du siècle suivant qu'il s'implante plus solidement dans le pays, sous l'égide du souverain Trisong Detsen, qui en fait une religion officielle.
Un premier monastère est fondé à Samye, avec l'aide du grand maître Padmasambhava, venu du royaume d'Uddiyana, situé dans le nord-ouest de l'Inde, pour soumettre par ses pouvoirs réputés les esprits hostiles à l'implantation de la Doctrine. Padmasambhava est à l'origine de la diffusion du bouddhisme tantrique dans le pays des Neiges, ainsi que les Tibétains nomment leur patrie. Dénommé Guru Rinpoche, le « Précieux Maître », il est à l'origine du premier ordre bouddhique fondé au Tibet, celui des Nyingmapa, ou « Anciens », qui entame la traduction des textes canoniques indiens.
À cette époque cependant, le bouddhisme est encore loin d'être adopté par l'ensemble de la société tibétaine.
Au milieu du IXe siècle, le roi Langdarma (841-846), persécuteur du bouddhisme, est assassiné et la

monarchie tibétaine s'effondre, entraînant dans sa chute l'Empire tibétain miné par des querelles de pouvoir intestines alors que ses frontières, à son apogée, s'étaient étendues des monts Pamir, à l'ouest, jusqu'aux marches de la Chine. S'ensuit une période très troublée qui ne s'achève que vers la fin du Xe siècle.
C'est alors que se développe au Tibet une seconde phase d'épanouissement du bouddhisme, d'une ampleur sans précédent. Des échanges très intenses s'effectuent entre maîtres indiens et tibétains et un gigantesque travail de traduction des textes sanskrits en tibétain est entrepris sous l'impulsion du Tibétain Rinchen Zangpo (958-1055), qui fut aussi un grand bâtisseur.
La plupart des écoles du bouddhisme tibétain se développent à partir de cette époque, de même que les grands centres monastiques, patronnés par de puissantes familles. L'école des Kadampa, celle des « suprêmes préceptes », suit les enseignements de l'abbé indien Atisha (982-1054), invité au Tibet où il terminera ses jours et dont le séjour jouera un rôle décisif dans l'épanouissement du bouddhisme dans la région.
L'école des Sakyapa se réclame des enseignements du maître Virupa, l'un des quatre-vingt-quatre « Grands Accomplis », ou *mahasiddha*, les plus célèbres de la tradition indienne.
L'ordre des Kagyüpa, dit « de la tradition orale », remonte aussi à des maîtres indiens et tibétains. Celui des Gelugpa, ou « Vertueux », créé par le réformateur Tsongkhapa (1357-1419), et dans lequel se fondit celui des Kadampa, attache une importance particulière à la discipline monastique. Il devient dominant au Tibet à partir du milieu du XVIIe siècle, alors que le Ve Dalaï Lama, ayant unifié le pays sous son autorité, assume une souveraineté aussi bien politique que religieuse. Tous les Dalaï Lama successifs appartinrent à cet ordre, jusqu'à l'actuel Tenzin Gyatso, XIVe de cette lignée.
Si les monastères du Ladakh, bien que bénéficiant du patronage des souverains et d'une exemption d'impôts, n'exercèrent jamais d'influence politique sur le gouvernement, ceux du Tibet, au contraire, furent appelés, pour les plus grands d'entre eux, à jouer en ce domaine un rôle majeur au cours de l'histoire.
C'est ainsi qu'à partir de 1253 la dynastie mongole des Yuan, alors au pouvoir en Chine, ayant adopté le bouddhisme tibétain comme religion officielle, nomma les abbés du monastère de Sakya vice-rois du Tibet, les lamas sakyapa devenant les maîtres officiels de la cour impériale.

Le Bhoutan, conservatoire du bouddhisme tibétain

Le bouddhisme tibétain et sa culture se sont répandus dans le haut Himalaya et les régions avoisinant le haut plateau tibétain. Par leur relatif isolement, ces régions ont constitué un véritable conservatoire des traditions du bouddhisme tibétain. C'est le cas du Bhoutan, petit pays exceptionnel à plus d'un titre, qui constitue de nos jours le seul pays asiatique où le bouddhisme tantrique est religion d'État et l'unique région himalayenne de culture tibétaine à avoir conservé, comme par miracle, son indépendance face à ses imposants voisins indiens et chinois. Son histoire ancienne se confond avec celle du Tibet. Mais, au XVIIe siècle, le « pays du Dragon Tonnerre » fut unifié par le lama d'origine tibétaine Shabdrung Rinpoche, qui fonda de nombreux monastères-forteresses, ou *dzong*, dans le royaume et devint le chef spirituel du Bhoutan. Les *dzong* exerçaient un contrôle militaire et économique sur chaque vallée. Bien que les habitants ne se considèrent pas comme tibétains et aient développé leur propres traditions, le Tibet demeure leur patrie spirituelle.
L'histoire du pays avant son unification est mal connue et demeure largement mythique, mais Padmasambhava y aurait introduit le bouddhisme tantrique au VIIIe siècle. Il se manifesta, selon la tradition, sous huit formes différentes, plus ou moins terribles, lors d'une fête avec danses rituelles qu'il avait organisée, afin de

subjuguer les esprits locaux, hostiles au bouddhisme. En remerciement, le roi lui offrit l'une de ses propres filles, qui devint sa parèdre mystique. Padmasambhava joue donc un rôle essentiel au Bhoutan et l'ordre des Nyingmapa occupe une place de choix parmi la population.
L'histoire du bouddhisme bhoutanais fut dominée, en outre, par l'école des Drukpa, les « Dragons tonnants », branche de l'ordre des Kagyüpa à laquelle appartenait Shabdrung Rinpoche, qui en institua la règle monastique, encore en vigueur aujourd'hui. Presque tous les monastères soutenus par l'État appartiennent à ce courant. Le grand poète mystique Milarepa, dont se réclament les Kagyüpa, passa, dit-on, plusieurs mois à méditer dans la vallée de Paro, avant de composer l'un de ses célèbres chants.
Depuis le XVIIe siècle, l'administration spirituelle et séculière du pays était dirigée par les lamas. Si ce principe fut abandonné au début du XXe siècle, lors de l'élection, en 1907, du premier monarque héréditaire du Bhoutan, néanmoins, l'influence des *dzong* sur le pouvoir central est toujours très forte. Ils continuent de remplir des fonctions multiples, abritant à la fois des communautés de moines et des fonctionnaires civils, mais une division très nette s'opère entre les domaines religieux et séculier. Au centre de chaque *dzong*, qui comprend plusieurs cours, se trouve un temple, entouré à distance par les habitations des moines, les entrepôts et les bureaux du pouvoir administratif et judiciaire de la région, le tout réuni dans un même monument.

Des monastères entre terre et ciel

Certains adeptes choisissent de mener une vie ascétique dans l'isolement d'un ermitage, à l'écart de la société, y compris monastique. À la différence des moines, ces yogis ne font pas vœu de célibat. Si les deux formes de pratique coexistent, en dépit de l'influence qu'exercent les yogis mariés, le bouddhisme demeure un courant essentiellement monastique. Les moines peuvent néanmoins s'isoler eux-mêmes provisoirement, pour s'adonner à la méditation.
Dans les régions du Spiti et du Ladakh, la plupart des monastères, à l'exception des plus anciens, sont édifiés sur une éminence rocheuse, ce qui les place symboliquement entre ciel et terre, entre le monde des dieux et celui des hommes. Leur implantation reflète aussi le rôle déterminant qu'ils jouent dans la société, car s'ils sont situés sur une hauteur dominant le village, ils demeurent accessibles et proches de celui-ci.
En outre, au Népal, ainsi qu'au Tibet ou au Bhoutan, la répartition même de certains édifices bouddhiques les uns par rapport aux autres ne doit rien au hasard. Des séries de temples ou de stupas, monuments emblématiques du bouddhisme, forment en effet un immense mandala à l'échelle d'une vallée ou de tout un pays, constituant ainsi un cercle de protection.
La vallée de Kathmandou était d'ailleurs autrefois dénommée « Népal mandala ». Un mythe lié à la fondation du bouddhisme au Tibet relate comment, au VIIe siècle, fut réalisé un mandala de douze temples répartis en des points précis du corps gigantesque d'une démone qui, couchée et ligotée, recouvrait tout le pays qu'elle avait maintenu jusque-là dans l'ignorance de la Doctrine. Deux de ces édifices se trouvaient sur son pied et son genou gauches, dans le Bhoutan actuel.
Alors que les monastères de l'Himalaya indien et d'une grande partie du Tibet sont entourés d'un paysage minéral austère et grandiose, ceux du Bhoutan s'inscrivent au contraire dans des écrins de verdure, non loin d'un cours d'eau, tandis que dans la vallée de Kathmandou, ils font partie du paysage urbain. Certains, parmi les plus anciens, tel le célèbre monastère d'Alchi, au Ladakh, ou celui de Tabo, au Spiti, implantés dans la plaine et non surélevés, présentent une apparence extérieure sobre, voire modeste qui dissimule un décor intérieur

peint et sculpté d'une extraordinaire somptuosité, celui d'Alchi étant l'un des plus remarquables de tout le monde himalayen. Au Tibet se développèrent d'immenses cités monastiques, telles celles de Drepung ou de Sera au début du XVe siècle, érigées en contrebas d'un massif montagneux. Les plus puissantes pouvaient héberger, au XVIIe siècle, de sept à huit mille moines.

Les stupas, supports de la Parole du Bouddha

Les stupas, monuments pleins de forme semi-hémisphérique, destinés à l'origine à accueillir les cendres du Bouddha et dont les plus anciens exemples sont indiens, se sont répandus dans le monde himalayen avec des variantes formelles selon les régions. Dénommés *chorten* en tibétain, ils peuvent abriter les restes de maîtres illustres ainsi que de saintes reliques, ou servir de monuments commémoratifs liés aux principaux épisodes de l'existence du Bouddha. Considérés comme les supports de son Esprit, ainsi que l'image même de la Doctrine, ils jalonnent fréquemment les chemins menant aux monastères. Les grands et très anciens stupas de Bodnath et Swayambunath, dans la vallée de Kathmandou, font partie des principaux lieux de culte du bouddhisme himalayen. Une importante communauté tibétaine réside d'ailleurs de nos jours à Bodnath. Le développement du tantrisme a suscité des adjonctions à l'aspect originel de ces monuments auxquels s'attache un très riche symbolisme. Leur structure elle-même est en rapport avec le corps d'un bouddha assis en méditation.

Les traditions architecturales, étroitement dépendantes du climat, du relief et des matériaux disponibles, varient selon les régions. Elles allient harmonieusement la brique et le bois dans la vallée de Kathmandou où, contrairement au Tibet, ce dernier matériau existait en abondance avant un déboisement progressif au profit des cultures. Les artisans newar étaient célèbres pour leur virtuosité dans le travail du bois, largement utilisé pour les charpentes mais aussi pour le décor architectural très finement sculpté, ainsi que dans celui du cuivre au repoussé, dont les plaques dorées rehaussaient de leur éclat toitures, portes et façades des monuments les plus vénérés. Au Bhoutan, les forêts occupent encore la majeure partie du pays et les *dzong*, édifiés sur une structure portante en bois, nécessitent des restaurations régulières, de même que les bâtiments népalais, du fait de la fragilité de leurs matériaux mais aussi des tremblements de terre et des incendies qu'ils ont parfois à subir. Les *dzong* bhoutanais ont pour particularité d'être pourvus de toits à double pente, en bardeaux, en raison des fortes pluies de mousson. Les monastères tibétains sont, quant à eux, construits en pisé ou en pierres sèches et couverts en terrasse.

La vie monastique

L'une des fonctions essentielles du monastère est l'éducation des novices qui, dès l'âge de six ans, y apprennent à lire et à écrire. L'écriture a joué un rôle fondamental dans la diffusion du bouddhisme. Support de la Parole du Bouddha, son enseignement précède tous les autres. Plus tard, un peu avant l'adolescence, débute l'apprentissage des rites, des danses et de la musique. En effet, l'une des particularités du bouddhisme tibétain est d'inclure dans ses rites nombre d'instruments et ce, malgré les réserves qu'aurait exprimées le Bouddha envers la musique et le chant. L'essor des grands monastères à partir des XIe et XIIe siècles favorisa le développement de cette musique rituelle. Les novices sont d'abord initiés aux instruments les plus simples. Néanmoins, tous les moines ne sont pas musiciens et seuls certains d'entre eux jouent à l'occasion des cérémonies, voire deviennent chef de la musique avant d'accéder plus tard à la charge suprême de maître de chant. Beaucoup des instruments employés sont héritiers de la tradition indienne, et des récits font état de leur origine mythique. Chacun occupe, en outre,

une place bien définie dans la liturgie et les étapes de la journée du monastère. À l'adolescence, les novices peuvent quitter celui-ci s'ils le désirent, avant de prononcer leurs vœux. Tout monastère tibétain d'importance possède un collège philosophique, mais seuls certains moines se consacrent, sous la direction indispensable d'un maître, à l'étude des textes et des rites les plus ésotériques. Les bibliothèques tiennent une place de choix, car si la transmission orale de l'enseignement est nécessaire, elle est inséparable de l'écrit, et les livres sont éminemment sacrés.
Par le passé, de grands monastères tibétains étaient dotés de célèbres imprimeries, telle celle de Derge, la plus grande du Tibet, qui est aujourd'hui le seul bâtiment subsistant de ce monastère sakyapa, et que vénèrent à ce titre avec ferveur les pèlerins.
Les monastères, richement décorés de peintures murales et portatives ainsi que de sculptures, étaient aussi des lieux de création artistique, et l'étude de la peinture faisait partie de l'enseignement religieux. D'importants ateliers existaient dans certains d'entre eux.
Aujourd'hui encore, divers *dzong* du Bhoutan, par exemple, abritent des écoles artistiques renommées où novices et moines viennent s'initier aux arts.
Bien que l'art du monde himalayen soit en partie anonyme, les artistes les plus doués, laïcs ou religieux, jouissaient d'une large notoriété, que des études récentes permettent aujourd'hui de mieux appréhender.

Art religieux

L'organisation du décor peint et sculpté qui se déploie à l'intérieur des bâtiments, stupas ou temples, répond à un programme iconographique précis, chargé de symbolisme. Ce dernier est particulièrement riche dans un temple tel que celui du Sumtsek, à Alchi, où sont illustrées, à travers les différents étages, les étapes d'une ascension spirituelle.

Des maîtres religieux omniprésents

La représentation des multiples figures du panthéon bouddhique tibétain, d'une extraordinaire complexité, sert de support à la méditation, les œuvres d'art sacré étant considérées comme autant de « supports » du Corps du Bouddha. Outre les diverses catégories de bouddhas, bodhisattvas, divinités paisibles ou terribles, parfois figurées au cœur de leur mandala, qui viennent apporter leur aide aux pratiquants dans leur cheminement spirituel, les images des grands maîtres religieux et abbés des monastères, par lesquels se sont transmis dans le temps les enseignements, forment un thème majeur, au rôle apologétique, de l'iconographie, en raison de l'importance que revêtent la relation de maître à disciple et les filiations spirituelles, dans le bouddhisme tantrique.
Il est illustré à travers la peinture murale ainsi que nombre de peintures portatives, regroupées parfois en suites et traditionnellement exposées dans les salles d'assemblée des moines, sous forme de portraits fictifs ou réels. Lignages spirituel et biologique se superposent dans le bouddhisme tibétain, au sein de divers ordres, à travers les réincarnations de grandes figures religieuses appartenant à une même lignée et remontant à un bouddha ou un bodhisattva. C'est ainsi que la lignée des Dalaï Lama représente, depuis le XVe siècle, les incarnations successives du bodhisattva de la Compassion, Avalokiteshvara. À partir du XVIIIe siècle, de grands ateliers monastiques, en particulier celui de Narthang, au Tibet méridional, diffusèrent ces modèles iconographiques dans l'ensemble du monde tibétain, par le biais de la xylogravure.

Des œuvres et des artistes qui voyagent

Peintures sur toile ou sur soie et statuettes métalliques pouvaient voyager sur de longues distances, par le biais des artistes ou des religieux, les premiers se déplaçant d'un monastère à l'autre au gré des commandes.

Lorsqu'un monastère entreprenait d'importants travaux, il faisait venir des artistes de la région, de tout le pays, voire de pays voisins. Les principaux centres monastiques pouvaient renfermer des œuvres peintes et sculptées en nombre impressionnant. Depuis l'ouverture du Tibet aux étrangers au début des années 1980, on connaît l'existence dans certains d'entre eux, tels Tashilhunpo, Sakya ou le Potala de Lhassa, de galeries où sont soigneusement disposées des centaines de statuettes métalliques appartenant à toutes les époques et réalisées non seulement au Tibet, mais aussi dans le nord-est de l'Inde, au Cachemire et au Népal.
Le terme *thangka,* ou « chose que l'on déroule », désigne d'ailleurs en tibétain toute image religieuse destinée à être roulée et s'applique en particulier aux peintures portatives. Celles-ci sont encadrées par un montage de textile et munies en haut et en bas d'un bâton permettant de les enrouler aisément.
Cette grande mobilité des œuvres et des artistes a contribué à la diffusion de styles régionaux et à d'intenses échanges artistiques entre les différents pays acquis au bouddhisme, et si les arts de l'Himalaya sont particulièrement riches et complexes par leurs iconographies, ils ne le sont pas moins par leurs styles.
L'art du Népal, surtout inspiré dans son développement par l'art indien, imprima une marque déterminante sur celui du Tibet, qui constitua, lui, un véritable creuset où se mêlèrent éléments népalais, centre-asiatiques, chinois et indiens. L'influence de l'Inde provenait du nord-est de ce pays, où s'épanouirent entre le VIIIe et le XIIe siècle de très grandes universités monastiques, ainsi que du Cachemire au nord-ouest. Ce qui va une fois encore à l'encontre du mythe occidental qui fit du « pays des Neiges » un lieu isolé et inaccessible.
C'est ainsi qu'une importante communauté d'artistes népalais résida, par exemple, durant de nombreux siècles au Tibet central et ils étaient encore présents à Lhassa au XIXe siècle, travaillant autour du Potala. Ces artistes appartenaient à la population indigène de la vallée de Kathmandou, les Newar de langue tibéto-birmane, qui furent à l'origine de l'épanouissement artistique du Népal et de son rayonnement. L'extrême qualité de leurs réalisations leur valut une réputation qui s'étendit, en effet, jusqu'en Chine.

Laïcs et moines

Laïcs et moines ont de tout temps été étroitement liés dans la tradition bouddhique, les premiers apportant leur contribution à la subsistance des seconds et acquérant ainsi des mérites censés favoriser une bonne renaissance future. Au Ladakh, en échange du travail des terres appartenant au monastère et de l'aide que leur fournissent les habitants, les moines accomplissent pour ces derniers les rites marquant les grandes étapes de l'existence individuelle, de la vie agricole, ainsi que ceux destinés à apaiser les divinités locales, notamment celles du monde souterrain et aquatique, quand l'individu, la famille ou la communauté tout entière sont menacés. En effet, si ces entités sont maltraitées, elles ne sont plus dispensatrices de prospérité mais provoquent au contraire pauvreté, maladies, voire épidémies ou catastrophes naturelles, dans les cas les plus graves.
Il existe une interdépendance particulièrement développée entre les communautés monastiques du Zanskar et la population villageoise, la majorité des moines étant eux-mêmes d'origine modeste, puisqu'il est de coutume depuis le XVIe siècle d'offrir, dans chaque famille, un fils cadet au monastère local.

Pèlerinages et fêtes

Les populations himalayennes sont prédisposées au voyage à pied, et les routes suivies par les marchands étaient aussi empruntées par les pèlerins qui, souvent, se joignaient aux premiers et profitaient eux-mêmes du voyage pour échanger des denrées. Ainsi, des pèlerins accompagnaient-ils, par exemple, la caravane officielle qui, depuis la fin du XVIIe siècle, se rendait régulièrement de Leh à Lhassa pour apporter au Dalaï Lama lettres et présents.

La dévotion des pèlerins s'exerce particulièrement envers des monastères, de grands stupas, tels ceux de Swayambunath et de Bodnath, les plus sacrés du monde himalayen, ou des sites naturels associés à de saints personnages et à des épisodes fameux de la mythologie bouddhique, telle la manifestation des huit formes, paisibles et courroucées, de Padmasambhava, dans la grotte de Taktsang, au Bhoutan. Nombre d'endroits vénérés dans l'Himalaya sont supposés avoir été le séjour de ce « Précieux Maître » ainsi que de Milarepa, l'un des plus fameux poètes tibétains qui, au XIe siècle, médita dans diverses grottes isolées au sein des montagnes himalayennes, durant douze longues années de pratiques ascétiques. Cet épisode est abondamment illustré par la peinture tibétaine qui, dans certains de ses chefs-d'œuvre, tels des *thangka* du XIIIe siècle, se plaît à figurer non seulement des yogis mais aussi de grands abbés de monastères, trônant symboliquement à l'intérieur de grottes montagnardes stylisées.

La vénération qui entoure le mont Kaïlash est d'ailleurs d'autant plus grande que sa sainteté a attiré à lui, au cours des siècles, de nombreux maîtres, qui séjournèrent dans ses environs. Devenus à leur tour lieux de recueillement, ceux-ci sont encore imprégnés de leur puissante présence spirituelle pour les pèlerins, qui révèrent aussi les traces miraculeuses que ces saints hommes ont laissées de leur passage, telle l'empreinte d'une main ou d'un pied sur un rocher. Par ailleurs, les temples les plus importants conservent des images très précieuses, telle celle du Jowo, le Bouddha couronné, au temple du Jokhang de Lhassa, statue la plus vénérée de toutes, ou bien encore de saintes reliques. C'est le cas, à Tamshing, au Bhoutan, de la tunique métallique qu'aurait portée le maître Pema Lingpa au XVe siècle, lors de ses méditations, afin de n'être pas emporté au ciel. Non seulement les pèlerins effectuent leur voyage à pied, dans un environnement souvent difficile, mais les dévots les plus fervents avancent parfois sur de très longues distances en se prosternant de tout leur long. La marche s'accompagne de la récitation de mantras, inlassablement répétés.

Dans la vallée de Kathmandou, l'imbrication étroite des courants bouddhique et hindou est particulièrement marquée dans certaines des multiples fêtes qui ponctuent l'année. Celles-ci réunissent en effet tous les fidèles, quelle que soit leur appartenance religieuse. C'est le cas des cérémonies qui accompagnent durant huit jours la fête du dieu Indra, à Kathmandou. Au cours de celle-ci, la jeune Kumari est portée dans son char à travers les rues et s'offre à la contemplation de toute la population. La fête dédiée à Matsyendranath se prolonge, elle, durant deux mois et donne lieu à des processions particulièrement impressionnantes par la hauteur de l'un de ses chars, tirés avec ferveur au moyen de cordes par des centaines d'adultes et d'enfants, selon un trajet précis, dans la ville de Patan.

C'est là aussi qu'a lieu la fête des Cinq Dons, en l'honneur du bouddha Dipankara, « Celui qui allume la lampe », premier des bouddhas du passé ayant précédé le Bouddha historique, selon la tradition. Quant aux cérémonies qui célèbrent le Nouvel An tibétain, ou *losar*, elles se déroulent de nos jours autour du stupa de Bodnath.

Dans les pays de culture tibétaine, les fêtes religieuses, qui durent fréquemment plusieurs jours, attirent aussi les fidèles en grand nombre, ceux-ci venant parfois de régions très éloignées et installant alors leur campement autour du monastère. Les femmes portent fièrement tous les bijoux qui constituent leur dot, dans un Himalaya traditionnellement considéré comme le « réceptacle de toutes les gemmes » et où le souci de l'élégance, le goût

pour les parures éclatantes est attesté, à travers l'histoire, par tous les voyageurs. Au XVIIe siècle, sous le règne du Ve Dalaï Lama (1642-1682), qui constitua l'une des périodes les plus brillantes de l'histoire du monde tibétain, se développèrent des fêtes somptueuses, comprenant processions religieuses et danses rituelles, telle la fête de la Grande Prière, la plus importante du calendrier, animée par plusieurs centaines d'instrumentistes. Tout comme la musique, la danse, rigoureusement codifiée, tient une place de choix dans certaines cérémonies religieuses qu'elle conclut traditionnellement. Cette activité, pratiquée par des moines, est une forme d'enseignement visuel pour les spectateurs. Au cours de celle-ci, les forces négatives entravant la transformation spirituelle des êtres sont subjuguées. Il s'agit aussi d'une méditation dynamique durant laquelle les danseurs s'identifient avec les différentes figures du panthéon qu'ils incarnent, et les plus grands danseurs sont souvent des maîtres spirituels. Les nombreuses fêtes qui ponctuent l'année ont pour cadre la grande cour du temple, au sein du monastère. Les principales d'entre elles, telle la célébration du Nouvel An local, sont l'occasion de rassembler moines et laïcs, toutes classes sociales confondues, de dérouler au grand jour le long d'un mur de gigantesques *thangka* de soie représentant une figure majeure du panthéon, comme le maître Padmasambhava. Sous le regard de cette image éminente, alors offerte à la vénération de l'ensemble des fidèles, sont exécutées un ensemble de danses costumées dont certaines, masquées (*cham*), sont particulièrement spectaculaires au Bhoutan.
La tradition attribue d'ailleurs à Padmasambhava la transmission au Tibet, lors de sa venue au VIIIe siècle, de ces danses *cham* par lesquelles les moines danseurs éliminent le mal, au son de l'orchestre des moines musiciens. Le grand maître tantrique bhoutanais Pema Lingpa, mort en 1521, transmit une série de danses qui lui auraient été révélées à travers rêves et visions et sont encore exécutées durant les fêtes religieuses du pays. Le Ve Dalaï Lama entama pour sa part, en 1647, la rédaction d'un manuel sur le *cham*, destiné aux moines de son monastère privé, dans le Potala. Les oracles jouent un rôle essentiel dans la vie religieuse. L'un des plus importants au Ladakh est celui du monastère de Mato. L'oracle d'État, au Tibet, était consulté régulièrement par le Dalaï Lama ou, après sa mort, par les moines de son entourage proche pour savoir où chercher sa réincarnation. Les moines faisant fonction d'oracles sont possédés par une divinité qui varie selon les cas mais fait partie des dieux protecteurs de la doctrine bouddhique. S'exprimant par la bouche de l'oracle, celle-ci répond, lors des fêtes, aux questions des moines et des fidèles rassemblés.
Il existe également des oracles privés. Il s'agit alors de laïcs chez lesquels le pouvoir oraculaire s'est manifesté.

Les Occidentaux à la découverte de l'Himalaya

Jusqu'au début des années 1950, le mystérieux royaume du Népal demeura interdit aux étrangers, et rares avant cette date furent les Occidentaux qui eurent le privilège de séjourner dans la Vallée. Les premiers contacts entre les Européens et le Népal ne semblent guère remonter au-delà du XVIIe siècle, époque à laquelle deux pères jésuites passant par ce pays au retour de Lhassa y furent bien accueillis. Par la suite, quelques capucins autorisés à demeurer dans la vallée fondèrent des missions à Patan et Bhadgaon, avant d'en être expulsés en 1769.
Au début du XIXe siècle, les Britanniques étaient les seuls étrangers à entretenir un résident permanent à Kathmandou et, jusqu'au XXe siècle, les quelques visiteurs occidentaux que le zèle religieux, la politique ou le goût de l'érudition amenèrent dans la Vallée étaient étroitement surveillés. Le deuxième résident, B. H. Hodgson, qui y séjourna de 1820 à 1843 et

projetait d'écrire un livre sur l'iconographie bouddhique, put rencontrer des *banra* encore très érudits. Gustave Le Bon, savant, philosophe, chargé par le ministère de l'Instruction publique d'études archéologiques dans les régions les moins connues du sous-continent indien, fut, quant à lui, entre 1884 et 1886, l'un des premiers Européens à pouvoir explorer le Népal sous la dynastie des Rana (1846-1951), lors de cette mission scientifique, et à publier, outre des gravures et dessins très précis, de précieuses photographies des monuments de la Vallée. Il fut suivi en 1898 par l'éminent orientaliste français Sylvain Levi, auteur de remarquables travaux sur l'histoire et la civilisation népalaises, mais il semble qu'à l'époque du séjour de ce dernier les traditions d'érudition des *banra* avaient décliné.

Le Tibet, lui, pénètre dans la conscience occidentale au Moyen Âge, par l'intermédiaire des Arabes tout d'abord, auxquels on doit le nom de « Thibet ».

À partir du XIIe siècle, l'attrait que suscite ce pays inconnu et ses richesses supposées se manifeste à travers récits et contes, parfois extravagants, telle la légende concernant le royaume du Prêtre Jean, liée au développement oriental de l'hérésie nestorienne, qui marqua le jugement des voyageurs. On voulut établir un lien entre la première chrétienté et le Tibet, l'Occident se prenant à rêver du soutien que ce « roi-prêtre » d'Orient pourrait apporter à la chrétienté menacée. Les informations que l'Italien Marco Polo, voyageant en haute Asie et en Chine à partir de 1271, fournit sur le pays demeurent limitées puisque, s'il rencontra des Tibétains à la cour des Mongols gengiskhanides, il ne fit qu'une brève incursion dans ses marches orientales, proches du Sichuan.

Le XIVe siècle, période très riche pour l'art tibétain qui atteint sa maturité et durant laquelle de grands monastères s'épanouissent, ne laisse pourtant à l'Occident que l'image indécise d'un vaste désert peuplé de brigands, de sorciers et d'idolâtres.

À partir du XVIe siècle, certaines descriptions de rituels tibétains donnent à penser que le pays pratique un catholicisme décadent !

Cette idée encourage l'Occident à s'intéresser au Tibet comme pays de mission. C'est ainsi qu'au XVIIe siècle les premiers Européens à s'y rendre sont des jésuites, tel le père de Andrade, Portugais qui en 1624 séjourne brièvement au Tibet occidental, à Tsaparang, site monastique majeur. Trois ans plus tard, des jésuites sont aussi les premiers Occidentaux à visiter le Bhoutan et à fournir un témoignage sur le gouvernement de Shabdrung Rinpoche. De même, c'est en 1631 que le jésuite portugais Francisco de Azevedo pénètre au Ladakh, alors en plein apogée, ainsi qu'il en témoigne dans son récit.

L'Occident découvre l'architecture tibétaine en 1667, à travers une gravure figurant le Potala, à Lhassa, à la fois palais, monastère et forteresse, qui fut la résidence de tous les Dalaï Lama. Cette gravure désormais célèbre fut publiée dans l'ouvrage *China illustrata*, d'Athanasius Kircher, d'après le croquis réalisé sept ans auparavant par un jésuite autrichien, Johannes Grueber, qui, quittant la Chine, s'était arrêté à Lhassa avant de gagner l'Inde, en passant par le Népal.

L'ouvrage contient aussi les premières représentations des « idoles » tibétaines, si choquantes alors pour un chrétien, accompagnées de commentaires peu élogieux.

L'attitude du père Desideri, parvenu, lui, à Lhassa en 1716, est tout autre, puisqu'il cherche à pénétrer cette culture étrangère, tente de comprendre les textes bouddhiques afin de mieux pouvoir les réfuter et, vivant sur place, apprend le tibétain. Il manifeste même, chose nouvelle, de l'admiration pour l'architecture et l'art du Tibet.

Cependant, vers le milieu du XVIIIe siècle, la Chine, se sentant menacée par les visées britanniques et russes, ferme le Tibet central au monde extérieur et les missionnaires chrétiens en sont chassés. Alors qu'avant ces mesures les Européens n'avaient finalement guère

songé à s'y aventurer, ils vont déployer mille ruses pour s'y introduire en dépit de l'interdiction chinoise.
Durant la seconde moitié du XIXe siècle, époque des grandes expéditions géographiques, l'Empire britannique envoie ainsi des agents déguisés pour réaliser des relevés au Tibet, tel le pandit indien Sarat Chandra Das, tandis que les Russes y dépêchent des Mongols. C'est ainsi que le pandit a pour mission en 1880 de déterminer si Tsangpo et Brahmapoutre sont ou non un seul et même fleuve, cela après avoir établi quelques années auparavant une carte du Tibet.
Il réalise deux ans plus tard un dessin détaillé de la cité monastique de Tashilhunpo et le récit de son voyage jusqu'à Lhassa est publié à Londres, en 1904. Cette date est importante car c'est alors qu'a lieu la première expédition militaire occidentale à Lhassa, menée par le Britannique Younghusband, dont le but est de contraindre le Tibet à accepter des liens politiques et commerciaux. L'année 1904 est aussi un moment marquant de la tibétologie, car l'expédition comptait des orientalistes dans ses rangs et de Lhassa furent rapportés en Occident nombre de documents, informations et objets.

Les débuts de la tibétologie

Le fondateur de la tibétologie et de l'étude de la culture bouddhique savante fut le Hongrois Alexandre Csoma de Körös (1784-1842). Ayant pénétré au Ladakh en 1822, il demeura plus d'un an dans un monastère du Zanskar, travaillant héroïquement malgré les terribles conditions hivernales dans cette région particulièrement isolée et inconnue, où il fut le premier Européen à séjourner.
Charles de Ujfalvy, géographe voyageant avec son épouse, fut, quant à lui, en 1881, l'un des premiers Français à atteindre le Ladakh. Durant cette seconde moitié du XIXe siècle et jusqu'à la Première Guerre mondiale, une nouvelle vague de missionnaires appartenant à l'Église morave effectua dans la région d'importantes études linguistiques. Le plus célèbre d'entre eux, le père A. H. Francke (1870-1930), pionnier des études ladakhies, était un fervent admirateur de Csoma de Körös. Mais en 1947, année de l'indépendance de l'Inde, le Ladakh, intégré depuis un siècle à ce qui est maintenant l'État indien du Jammu-et-Cachemire, en proie à des conflits de frontières l'opposant au Pakistan et à la Chine, fut fermé aux étrangers.
Les voyages, les publications des missionnaires ainsi que le développement de la photographie, qui permet par exemple d'effectuer en 1901 la première prise de vue du Potala, vont renouveler l'intérêt des Occidentaux et modifier leur regard. L'image du Tibet devient désormais celle d'une forteresse initiatique, d'un monde où règnent paix et spiritualité. Le best-seller de James Hilton, *Horizons lointains* (1933), dont Frank Capra tira un célèbre film, reflète sur un plan populaire la vision idéalisée du pays qu'entretient l'Occident durant les premières décennies du XXe siècle.
Alors que s'épanouit l'histoire des religions sont publiées d'importantes recherches iconographiques sur le panthéon bouddhique tibétain, auparavant aussi incompris que méprisé. Les manifestations de son art, enfin reconnu pour tel, deviennent l'objet d'un intérêt qui ne cessera par la suite de se développer.
La révélation des monuments de la route de la soie, qui compléta la vision du développement du bouddhisme et de son art en haute Asie, contribua également à la connaissance de l'art tibétain, dont certaines composantes ont été influencées par l'Asie centrale.
En outre, la découverte à Dunhuang de documents datant de l'ancienne monarchie tibétaine, période située entre le VIIe et le IXe siècle, qui jusqu'alors était presque totalement inconnue, joua un rôle déterminant.
Ces documents à caractère aussi bien administratif qu'historique, commercial, religieux ou artistique, sont les plus anciens écrits tibétains connus.
L'œuvre du célèbre tibétologue italien Giuseppe Tucci

(1894-1984) fut capitale pour la connaissance de l'art et de l'architecture du Tibet. Bénéficiant d'autorisations exceptionnelles, il fut l'un des rares Occidentaux à pénétrer au milieu du XXe siècle au cœur du territoire, demeuré virtuellement inaccessible jusqu'au début des années 1980, et à pouvoir ainsi réunir une documentation photographique d'autant plus précieuse que beaucoup des monuments religieux qu'il visita ont aujourd'hui disparu.

La réouverture aux voyageurs de Leh, capitale du Ladakh, couramment appelé « Petit Tibet » ou « Tibet indien », et de la vallée de l'Indus, par le gouvernement indien en 1974, fut une aubaine pour les tibétologues, qui se précipitèrent vers cet autre « paradis perdu » où se maintenait la culture du bouddhisme tibétain, alors que le Tibet, envahi par la Chine en 1959, était toujours fermé. L'ouverture progressive des anciens royaumes himalayens ainsi que celle du Tibet ont permis un bond décisif des connaissances.

Des traditions menacées

La collision qui donna autrefois naissance à l'Himalaya continue de nos jours son œuvre, ainsi que le rappellent les séismes qui secouent régulièrement la région. Mais à ces chocs géologiques qui ponctuent la vie des terres himalayennes s'ajoutent désormais les heurts et les déchirements que provoquent les bouleversements économiques, sociaux et culturels liés au processus d'uniformisation généralisé, qui menacent les fondements des traditions monastiques.

Déjà, au Ladakh, après la chute de la royauté décadente en 1841, la situation des monastères avait changé : taxés et appauvris, ils étaient devenus de plus en plus tributaires du soutien matériel des villageois ladakhis et du Tibet. Le niveau de l'éducation reçue par les moines avait commencé à diminuer à partir de cette époque. En outre, l'occupation du Tibet par la Chine à dater de 1959 interrompit les relations qu'ils entretenaient avec les grandes universités bouddhiques de Lhassa, où nombre d'entre eux allaient parfaire leur apprentissage. La création à Leh de l'Institut central des études bouddhiques eut alors pour but de remédier à cette situation.

Bien que la vie monastique, très ébranlée par la présence chinoise au Tibet, subsiste dans les zones himalayennes de culture tibétaine, elle montre des signes de déclin. Les enfants sont moins nombreux à rejoindre les monastères, dont l'influence décroît et qui deviennent pour certains des lieux touristiques où les cérémonies religieuses dansées, les plus spectaculaires, risquent d'être peu à peu vidées de leur contenu, telles les reliques d'une culture dépassée. Cependant, le Bhoutan demeure aujourd'hui un modèle par sa remarquable capacité à concilier harmonieusement traditions, patrimoine et changements économiques, bien qu'il doive faire face aux effets d'une modernisation parfois difficile à maîtriser dans ses conséquences les plus matérielles, telle la mise en place d'adductions d'eau dans les monastères, qui constitue une menace pour le précieux décor peint qu'ils abritent.

À ces bouleversements s'ajoute la destruction progressive d'un environnement sacré dans toutes les traditions himalayennes et étroitement lié aux pratiques religieuses, processus particulièrement dramatique au Tibet.

Rappelons toutefois ce concept cher au bouddhisme, qui veut que, l'impermanence affectant tous les phénomènes, le désir de permanence soit une manifestation de l'ignorance et l'une des causes majeures de souffrance dans le cycle des existences.

Le Ladakh,
le Zanskar et le Spiti,
régions tibétaines
de l'Inde

J'ai rêvé que dans le vaste nord du monde
Une montagne de neige s'élevait,
belle par la masse.
Sa pointe de neige touchait le ciel.
Le soleil et la lune en faisaient le tour.
Sa lumière emplissait tout l'espace.
Et sa base couvrait toute la Terre.
Aux quatre directions cardinales,
des fleuves en descendaient.
À ces fleuves les créatures s'abreuvaient.
Et toutes ces eaux se jetaient dans la mer.

Milarepa : ses méfaits, ses épreuves, son illumination,
de Milarepa, traduit du tibétain par Jacques Bacot,
Librairie Arthème Fayard, 1971, p.137

Tiktse, Ladakh *(pages précédentes)*. Ces stupas anciens ont été construits sur le chemin menant à l'imposant monastère de Tiktse qui, juché sur une colline, domine le village. Symboles de l'enseignement du Bouddha, ils sont de tailles et de types variés. Il est de règle pour les bouddhistes de toujours marcher en les tenant à leur droite.

Près du col de Fotu-La, Ladakh *(ci-dessous)*. Dans l'ouest du Ladakh, la route reliant Shrinagar, capitale du Cachemire, à Leh, descend de ce col, situé à 4 100 m, et mène vers Lamayuru, dans un impressionnant paysage minéral. Certains voyageurs des derniers siècles laissèrent des descriptions remplies d'effroi des mille difficultés qu'ils durent affronter sur cette très ancienne piste.

Tiktse, Ladakh. Le monastère a pour particularité d'être édifié sur le modèle des cités monastiques du Tibet central mais, contrairement à celles-ci, ses nombreux bâtiments s'étagent, du sommet de la colline, en une pyramide architecturale. La juxtaposition de grands édifices blancs et rouges évoque le Potala, à Lhassa.

Chemre, Ladakh. Le monastère appartient à la branche drugpa de l'ordre des Kagyüpa et fut fondé en 1644, au nom du grand roi ladakhi Senge Namgyel, mort deux ans plus tôt, par un célèbre lama tibétain, Tagtsangrepa, qui joua dans la région un rôle politique et religieux de premier plan. Les habitations des moines sont accrochées à flanc de colline au-dessous du bâtiment principal.

Lamayuru, Ladakh. Au bas du village, qui épouse la pente, s'étendent les champs d'orge irrigués, alors que trône au sommet du rocher le monastère le plus ancien du Ladakh, auquel les pèlerins accèdent par un chemin bordé de stupas.

La majorité des bâtiments ont cependant été reconstruits au XIXe siècle. Lamayuru est depuis plusieurs centaines d'années le principal centre au Ladakh des Drigungpa, branche de l'ordre des Kagyüpa.

Shey, Ladakh *(ci-dessus et pages suivantes)*. La venue du Dalaï Lama est un événement qui réunit toute la population. Nombre de femmes portent un châle en peau de chèvre aux poils tournés vers l'intérieur et arborent leur coiffe traditionnelle, le *perak*. Transmis de mère en fille, il imite la forme d'un serpent dressé et comprend une longue bande sur laquelle sont fixées des turquoises, quelques perles de corail et de petites boîtes à amulettes en argent. Des oreillettes en agneau noir complètent la parure.

Ridzong, Ladakh. Au terme d'une longue marche, le voyageur parvient devant les éblouissantes façades du monastère, adossé à la pente abrupte et dénudée, aux murs rythmés de multiples ouvertures. Les moines gelugpa attachent une grande importance à la discipline monastique ; ceux de Ridzong en suivent les règles de façon rigoureuse et s'astreignent à un régime alimentaire très strict.

Tiktse, Ladakh. Principal centre gelugpa du Ladakh, ce monastère, propriétaire des terres de vingt-cinq villages, fut construit au XVe siècle avec le soutien royal. Autrefois plusieurs centaines, les moines sont aujourd'hui moins de cent à Tiktse. Les murs donnant sur la cour intérieure sont percés de nombreuses ouvertures orientées vers le sud afin de bénéficier le plus possible de la lumière.

Ridzong, Ladakh *(à gauche)***.** Ce monastère gelugpa fut fondé durant la seconde moitié du XIXe siècle à l'entrée d'une gorge reculée. Les murs sont ici décorés des huit symboles de bon augure du bouddhisme, tels le parasol royal ou le vase de longue vie, signes de dignité issus d'une conception indienne prébouddhique, relative au Souverain universel, auquel le Bouddha fut assimilé.

Lamayuru, Ladakh *(ci-dessous)***.** Les *dungchen*, longues trompes télescopiques dont on joue par paire, sont surtout associées aux manifestations publiques qui ont lieu à l'extérieur du monastère. La première mention des *dungchen* dans l'histoire tibétaine remonte à la venue au Tibet du maître indien Atisha, en 1042. Une tradition rapporte qu'il fut salué, à son arrivée, par leur son puissant.

Tiktse, Ladakh. Tout monastère comprend une bibliothèque, située le plus souvent dans la salle d'assemblée (*dukhang*) des moines. Les longs feuillets superposés constituant chaque ouvrage sont rangés dans des niches, enroulés de tissu et maintenus entre deux planches de bois servant de couverture. Certaines des plus anciennes, finement sculptées et peintes, sont de véritables chefs-d'œuvre.

Spituk, Ladakh. L'offrande au feu purificateur est un rite majeur des cérémonies du bouddhisme tantrique. Divers ingrédients sont présentés aux divinités du mandala alors invoquées et les substances liquides sont versées dans les flammes à l'aide de deux cuillères à long manche dont l'extrémité est ornée des pointes incurvées d'un *vajra*.

Hémis, Ladakh *(ci-dessus)***.** Les femmes ladakhies ont un tempérament très spontané, ouvert et gai. Très occupées par les nombreuses tâches domestiques et agricoles de la vie quotidienne, elles possèdent moins de temps que les hommes à consacrer à la prière, en dehors des jours de fête au monastère.

(À droite) Participant à la fête, ces femmes sont vêtues du costume traditionnel : un châle en tissu ou en peau de chèvre recouvre leur tunique rouge sombre (*tchuba*), et leurs cheveux, séparés en deux tresses, sont coiffés d'un haut chapeau au bord relevé.

(Pages suivantes) Fondé au XVIIe siècle par Tagtsangrepa, c'est le plus grand et le plus riche monastère du Ladakh. Chaque année, au début de l'été, la population se réunit dans la cour intérieure du monastère, lors de la célèbre fête dédiée à Padmasambhava. D'immenses bannières portatives (*thangka*) en soie, plus ou moins anciennes, sont alors déroulées le long des murs, notamment celle qui figure Tagtsangrepa lui-même.

Tagthog, Ladakh. Ces femmes contemplent les danses célébrées à l'occasion de la fête annuelle de ce petit monastère fondé au XVIe siècle, dont le nom signifie « au sommet des roches ». Construit autour de l'une des grottes où aurait médité jadis Padmasambhava, alors qu'il se rendait au Tibet pour y propager le bouddhisme, c'est le seul monastère nyingmapa du Ladakh.

Sumtsek, Alchi, Ladakh. Haut lieu de l'art himalayen, Alchi, qui bénéficia d'un important patronage royal, abrite dans ce temple où se tenaient les cérémonies d'initiation un décor peint d'une exceptionnelle qualité qui date du XIe siècle. Ces peintures murales reflètent la source d'inspiration alors essentiellement indienne de l'art tibétain, en particulier l'art du Cachemire, tout proche. Les onze têtes d'Avalokiteshvara, bodhisattva de la Compassion, qui jouit au Tibet d'une grande popularité, symbolisent son omniscience. Les divinités féminines, somptueusement parées et à la sensualité tout indienne, occupent aussi à Alchi une place de choix.

Sumtsek, Alchi, Ladakh. L'un des murs du rez-de-chaussée de ce temple « à trois étages » est couvert d'un décor tapissant composé de sept cent vingt-huit images du bodhisattva de la Connaissance, Manjushri, de cinq couleurs différentes, tandis qu'il trône au centre, assis dans la posture dite « du diamant », jambes croisées. Il brandit dans l'une de ses quatre mains l'épée qui tranche l'Ignorance.

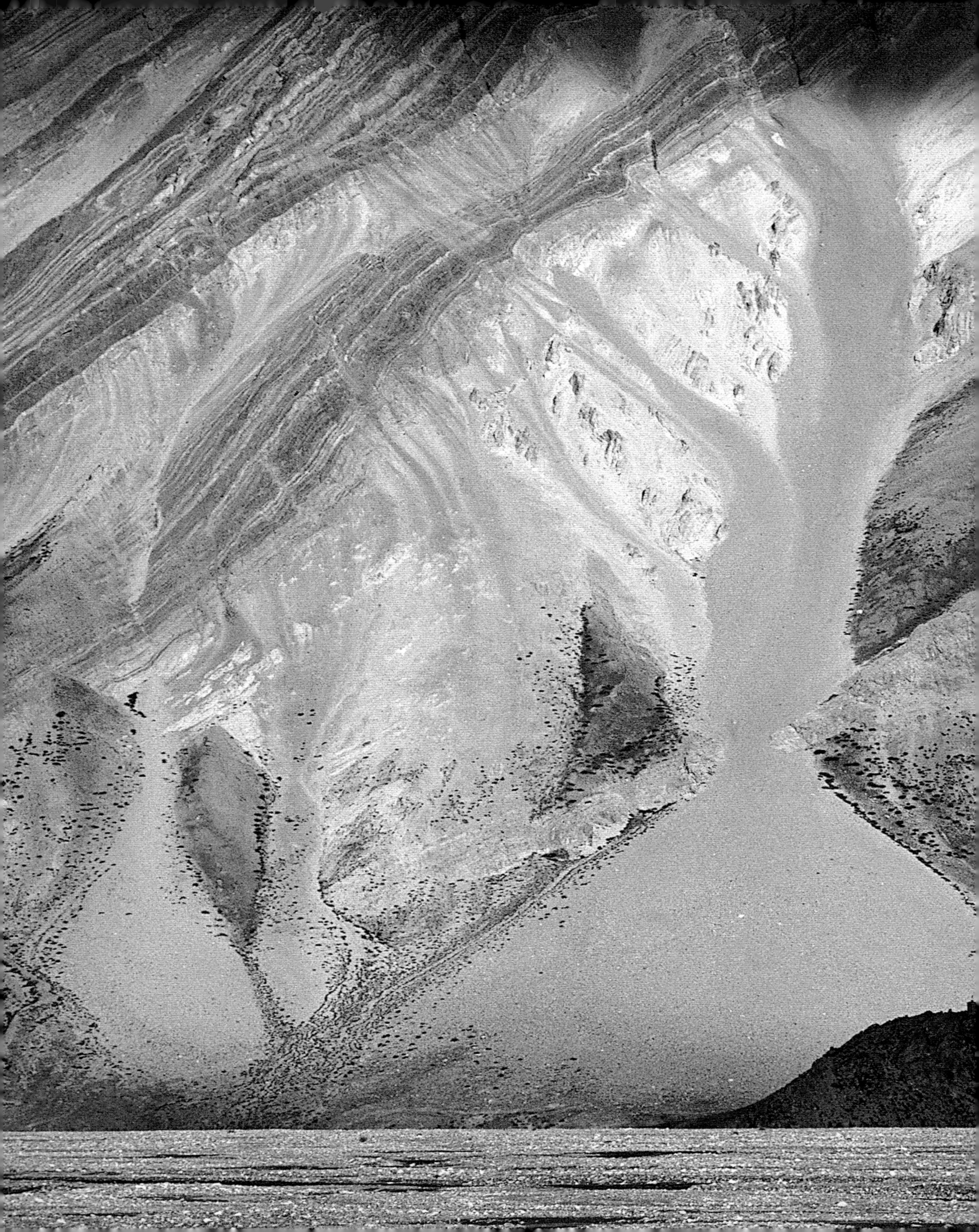

Rangdum, Zanskar *(pages précédentes)*. Rangdum est le premier monastère zanskari que rencontre le voyageur venant de Kargil. Dressé depuis le XVIIe siècle sur un piton rocheux, au fond d'une vallée et à quelques kilomètres du village, dans un saisissant paysage minéral, il semble écrasé par les montagnes environnantes.

Zangla, Zanskar. Parvenu à Zangla en juin 1823, Csoma de Körös séjourna plus d'un an dans le palais du roi, enraciné sur le sommet du rocher. Les souverains de ce royaume, fondé au XVe siècle, se réclamaient de l'ancienne monarchie tibétaine (VIIe-IXe siècle). Le séjour prolongé de ce tibétologue éminent contribua à revivifier les études de la langue et de la civilisation tibétaines au Zanskar.

Thongde, Zanskar. Proche du village de Thongde juché à 3 450 m, ce monastère serait l'un des plus anciens de la région, si l'on en croit la tradition : le grand maître tibétain Marpa l'aurait fondé au XIe siècle, alors qu'il séjournait dans une grotte voisine. Les bâtiments se répartissent selon un ordre hiérarchique le long de la pente, les appartements du lama se trouvant au sommet du rocher.

Padum, Zanskar. Près de la capitale, la foule s'est rassemblée pour écouter les enseignements d'un lama éminent. Sa venue en cette région isolée est d'autant plus précieuse que le Zanskar, comme les autres pays de culture tibétaine depuis 1959, ne peut plus entretenir avec le Tibet les liens religieux d'autrefois.

Padum, Zanskar *(à droite et pages suivantes)***.** Comme tous les peuples himalayens, les habitants du Zanskar sont, quel que soit leur âge, de grands marcheurs et des nomades dans l'âme. Profitant du court été avant l'hiver interminable, les pèlerins, munis pour certains de leur moulin à prières, affluent nombreux à cette occasion. Durant la cérémonie, les moines remettent un ruban rouge aux participants, assis en recueillement devant le bâtiment où sont dispensés les enseignements. La plupart ont revêtu leur costume national et certains portent un rosaire autour du cou.

Lors des cérémonies, la majorité des femmes portent le *perak*. Le nombre et la qualité des turquoises du *perak* sont proportionnels à la fortune de la famille. Cette pierre, très prisée des populations de culture tibétaine, provenait surtout d'Inde, de Chine et d'Iran où se trouvaient les plus belles. Symbole d'union conjugale, elle est tenue pour le siège du principe vital, et des vertus curatives lui sont attribuées, ainsi qu'un pouvoir protecteur contre les accidents.

Dankar, Spiti *(pages précédentes)*. Le monastère domine majestueusement le confluent des rivières Spiti et Pin, au sein d'un paysage aussi grandiose qu'aride, où les cultures en terrasses ne sont possibles que grâce à un système d'irrigation élaboré. Au sommet du rocher, un château fut autrefois construit par les Ladakhis, alors qu'ils exerçaient leur contrôle sur la région.

Vallée près de Kye *(ci-dessous et pages suivantes)*. La haute et aride vallée de la Spiti, qui fit autrefois partie du Tibet occidental, est enneigée de septembre à mai. Ses sommets culminent à 7 000 m. Ce sanctuaire naturel, jadis très peu peuplé, a été récemment ouvert aux visiteurs.

Dankar, Spiti. Le monastère, qui appartient à l'ordre des Gelugpa, fut édifié sur une abrupte pente rocheuse du site, autrefois capitale du Spiti. Sa fondation remonterait au moins au XIIe siècle. Dankar, comme la plupart des monastères de cette région, a subi les effets destructeurs de la guerre menée dans les années 1830 par les armées dogra du raja de Jammu.

Route de Losar, Spiti. Losar est le premier grand village que rencontre le voyageur venant de Kaza, centre administratif du Spiti, situé à 60 km de là. La route longe la rivière dans l'étendue désertique d'un univers minéral qui fait de cette région un spectaculaire musée géologique.

Kye, Spiti. Situé à plus de 4 000 m, ce monastère gelugpa est le plus ancien et le plus vaste du Spiti. Selon la tradition, il aurait été construit au XIe siècle, par le grand maître tibétain Rinchen Zangpo, lors de la Seconde Diffusion du bouddhisme au Tibet. En partie détruit par un tremblement de terre en 1975, il a été restauré depuis.

Tabo, Spiti (*ci-dessus et à droite*). Situé au milieu de la vallée et dans le village aujourd'hui assoupi, et non sur une hauteur contrairement aux fondations plus tardives, le complexe monastique comprend divers temples et stupas, entourés d'une enceinte. L'apparence modeste de l'architecture ne laisse en rien deviner la richesse du décor intérieur. Édifié par le pieux roi tibétain Yeshe Ö et consacré en 996, le monastère est le plus important du Spiti par son ancienneté et la qualité de son ornementation. En effet, en 1042, alors que le bouddhisme connaissait au Tibet un regain d'une ampleur sans précédent, un nouvel et ambitieux programme peint et sculpté fut réalisé au sein de la vaste salle d'assemblée du temple principal, conçue comme un grand mandala en trois dimensions. Tabo a fêté son millénaire en 1996, sous la présidence du Dalaï Lama.

Col de Kunzum, Spiti *(pages suivantes)***.** À 4 550 m d'altitude, il ferme la vallée du Spiti. Stupas et drapeaux imprimés de prières sont fréquents au passage des cols. Les voyageurs tournent rituellement autour des premiers, de gauche à droite, en récitant des mantras et accrochent les seconds à des mâts, afin que le vent emporte leurs invocations à travers les vallées et jusqu'au ciel.

La vallée de Kathmandou, le Népal mandala

Om Ah Houng !

Dans le pays pur des Vainqueurs, le Népal,
Puissiez-vous, bourgeon de la lignée
du Corps absolu, gardien des êtres,
Demeurer pour d'infinies périodes futures
Et faire mouvoir la roue
des enseignements suprêmes
Afin de libérer les errants
de l'océan de l'existence !
Puissiez-vous, Protecteur,
faire traverser humains et non-humains
De ce monde d'esclaves
à la merveilleuse rive de la liberté !

La Vie de Yéshé Tsogyal, souveraine du Tibet,
de Gyalwa Tchangtchoub et Namkhai Nyingpo,
Éditions Padmakara, 1995, p. 46

Swayambunath *(pages précédentes)*. Contemplant Kathmandou du haut de la colline, les yeux du bouddha primordial regardent vers les quatre points cardinaux. Ils font partie des ajouts, suscités par le développement du bouddhisme tantrique au Népal, au stupa le plus sacré de l'Himalaya, et dont l'origine est liée au mythe de fondation de la Vallée.

(À droite) Au sommet de l'escalier qui mène au stupa, ce foudre-diamant (*vajra*) colossal fut réalisé au milieu du XVIIe siècle par le roi Pratapamalla. Emblématique du bouddhisme tantrique, il symbolise pureté, indestructibilité et illumination.

(Pages suivantes) Les grands frontons de cuivre doré qui surmontent l'élégante frise ceinturant la base du pinacle sont décorés des figures majeures du panthéon. Le monument a fait l'objet au cours des siècles et jusqu'à nos jours de diverses restaurations, grâce à la générosité des bouddhistes de la Vallée ou du Tibet.

Swayambunath *(ci-dessous)*. L'activité du stupa n'est historiquement attestée qu'à partir des premiers siècles de notre ère. Cinq chapelles de cuivre doré, ajoutées sur le pourtour du dôme, sont dédiées à cinq bouddhas, nommés *jina*, associés aux points cardinaux et au centre.

Bodnath *(à droite et pages suivantes)*. Selon la légende, ce stupa était destiné à abriter les reliques de Kaçyapa, bouddha de la précédente période cosmique. Il est en tout cas d'origine très ancienne. Sur la terrasse supérieure, les fidèles qui déambulent passent devant cent huit niches abritant des statues de divinités. Les treize niveaux de la flèche symbolisent les treize étapes menant à l'Éveil.

Sankhu *(à gauche)*. Le bouddhisme tantrique a développé une iconographie complexe illustrant ses riches principes philosophiques. C'est ainsi que Manjushri, bodhisattva de la Connaissance, protecteur du Népal, revêt plusieurs aspects ésotériques, aux bras et têtes multiples.

Chabahil *(ci-dessus)*. Aux grands stupas inspirés de l'Inde ancienne s'ajoutent une foule de petits stupas à la typologie variée. Certains, tel celui de Chabahil, datent du VIe siècle, et leurs soubassements parfois élevés, percés de niches et d'oculi, évoquent une architecture monumentale désormais disparue.

Sankhu *(à gauche)***.** Le bouddhisme tantrique accorde une large place à la femme et au culte des déesses qui symbolisent la Sagesse et ont souvent un rôle d'initiatrices. Aux abords du village, un temple élevé sur la hauteur est dédié à Vajrayogini, la « yogini de diamant ».

(Ci-dessous) Exécutée au repoussé, en 1654, sur le tympan de la porte principale, la déesse est un aspect de Tara, la « Salvatrice ».
De ses armes coupantes, elle tranche les ténèbres de l'Ignorance et l'Illusion qui sont autant d'obstacles sur le chemin de la Libération.

(Pages suivantes) Le temple attira dès le XIVe siècle de nombreux pèlerins du Tibet et, en 1654, le roi Pratapamalla de Kathmandou fit construire le sanctuaire tel qu'on le voit de nos jours avec ses trois toitures superposées, typiques de l'architecture népalaise.

Kathmandou *(ci-dessous)* **et Patan** *(à droite)*. Bien qu'incarnant une déesse hindoue, Durga, les Kumari sont choisies au sein d'une famille bouddhiste, en présence de cinq prêtres vajracarya. Elles sont l'objet d'un culte fervent de la part des fidèles des deux confessions, jusqu'à leur puberté. La Kumari royale de Kathmandou est la plus importante ; c'est elle qui accorde au roi et au pays sa divine protection.

Woku baha, Patan *(pages précédentes)*. La plupart des monastères qui subsistent dans la Vallée ne sont pas antérieurs au XVe siècle. Héritage des traditions architecturales indiennes, la cour carrée est entourée par les bâtiments conventuels. Dans l'axe de l'entrée qui donne sur la rue sont alignés stupa votif, mandala, *vajra* et donateur agenouillé en direction du sanctuaire.

Kwa baha, Patan *(à droite)*. En pierre ou en métal repoussé, les donateurs sont souvent représentés dans la cour, en adoration, tournés vers le sanctuaire. Ce couple, réalisé en 1803, se trouve dans la cour principale du monastère, aux nombreux revêtements en cuivre doré, très finement travaillés.

(Pages suivantes) Le cuivre très pur jadis abondant dans la Vallée fut le matériau privilégié des artistes newar. Ces sculptures à l'image du bodhisattva de la Compassion Avalokiteshvara, du XIIe siècle *(à droite)* et du XIIIe siècle *(à gauche)*, correspondent à l'apogée de la statuaire métallique népalaise. Elles allient sobriété, intériorité et raffinement.

Le Bhoutan, royaume du Dragon Tonnerre

Lorsque je frappe le tambour pour la protection,
que soit coupée l'action des ennemis
hostiles qui font obstacle.
Lorsque je frappe le tambour avec les mantras
de propitiation, que mes « trois portes »
(action, parole, pensée) soient bénies.
Quand je frappe le tambour avec les mantras
de réalisation, que j'obtienne les « pouvoirs »
supérieurs et ordinaires.
Quand je frappe le tambour des actions terribles,
que soient accomplis tous mes désirs.

Mchod-rol : les instruments de la musique tibétaine, de Mireille Helffer,
CNRS Éditions, Éd. de la Maison des sciences de l'Homme,
Paris, 1994, p. 133

Thimphu *(pages précédentes)*. Monastère d'État, le *dzong* de Taschichö est aussi le siège du gouvernement central de la capitale. Dans la partie religieuse, la fête du Tshechu évoque les principaux faits de la vie légendaire de Padmasambhava. À l'occasion de cet événement important, laïcs et religieux se rassemblent nombreux dans la cour intérieure pour assister aux danses rituelles *cham*.

(Ci-dessous) Entre deux danses, de jeunes moines masqués tiennent le rôle de bouffons (*atsara*), distraient la foule et détendent l'atmosphère. Ils jouent un rôle important dans les fêtes religieuses et parodient les maîtres indiens (*acharya*) qui vinrent autrefois enseigner le bouddhisme au Tibet.

Thimphu *(ci-dessus)*. Placés sous la tutelle d'un moine plus âgé, les moinillons reçoivent une éducation, en échange de laquelle ils exécutent pour le maître de menus travaux. Ils sont initiés à la pratique des danses sacrées, de façon plus ou moins poussée selon qu'ils se destinent ou non à devenir moines. La fête est pour eux une distraction mais elle constitue aussi un enseignement visuel et animé.

(À droite) La danse des Chapeaux noirs, exécutée par des moines coiffés d'un chapeau au large bord gansé de noir, commémore l'assassinat par un moine, en 842, du roi tibétain Langdarma, persécuteur du bouddhisme. Les danseurs s'accompagnent d'un tambour à manche, frappé avec une baguette courbe et dont le son réduit à néant les esprits ennemis.

Thimphu *(pages précédentes et ci-dessous)*. La danse des Chapeaux noirs marque la prise de possession de l'aire rituelle par les moines et sa purification. Les danseurs portent un tablier noir montrant le visage courroucé d'une divinité encadré de *vajra* et de têtes de mort. Celles-ci symbolisent le caractère éphémère de l'existence, mais aussi la victoire remportée sur l'ego, obstacle majeur à la Libération.

Thimphu. Les danseurs, vêtus de soie et de somptueux brocarts, se déplacent en tournant dans le sens des aiguilles d'une montre. Le style de la danse dépend de la nature des figures évoquées et du type de rituel accompli. Chaque mouvement est codifié et revêt une signification, mais chaque monastère possède aussi sa tradition et ses propres textes chorégraphiques.

Thimphu. De l'une des fenêtres en bois de l'étage, peinte de motifs floraux caractéristiques de l'ornementation bhoutanaise, cette jeune femme, portant son enfant dans le dos à la manière traditionnelle, contemple la cérémonie qui se déroule dans la cour. Un vieil homme, tout à sa ferveur, est lui en prière, serrant entre ses mains le rosaire que possèdent tous les fidèles.

Punakha *(pages suivantes)*. À l'entrée du *dzong* de Punakha, cette peinture murale, composée de carrés de couleur formant un losange et dans lesquels s'inscrivent des syllabes en tibétain, est un ancien calendrier astral.

Tongsa *(à gauche)*. La modernisation du Bhoutan a provoqué un affaiblissement de la tradition codifiée au XVIIe siècle, selon laquelle les fils cadets étaient destinés à entrer, dès leur plus jeune âge, au monastère. Aujourd'hui, elle est surtout suivie par les familles les plus modestes. Le clergé suscite lui-même parfois des vocations lorsqu'il décèle chez un enfant des dispositions particulières.

Punakha *(ci-dessous)*. Ce grand *dzong* fut fondé au confluent de deux rivières, en 1637, et rebâti plusieurs fois à la suite d'incendies. C'est en ce lieu que fut inauguré le règne du premier roi du Bhoutan, en 1907, et que réside le chef spirituel du pays. L'aspect massif des murs au léger fruit, rythmés par les fenêtres et les loggias de bois à auvent, le jeu des couleurs sont caractéristiques de l'architecture bhoutanaise.

Tongsa. Juché sur une crête, ce *dzong* édifié au cœur du Bhoutan à partir de 1543 et agrandi à plusieurs reprises est l'un des plus beaux et le plus vaste. Il domine la gorge profonde de la Mangde et occupe une position stratégique, contrôlant l'accès à l'est du pays, ce qui contribua à l'influence qu'exercèrent ses dirigeants jusqu'en 1907. Il abrite aujourd'hui une douzaine de temples et de sanctuaires.

Taktsang *(à gauche)*. Accroché au flanc d'une falaise et surplombant de 1 000 m la vallée de Paro, ce monastère, surnommé la « Tanière du Tigre », est l'un des lieux de pèlerinage les plus sacrés du Bhoutan : Padmasambhava, introducteur du bouddhisme dans le pays, y aurait séjourné à plusieurs reprises. Sous la forme courroucée de Dorje Drolö, arrivé par la voie des airs sur le dos d'une tigresse, il mit les esprits malfaisants en déroute.

(Ci-dessous) Sur l'une des peintures ornant les murs du monastère, Padmasambhava apparaît sous son aspect le plus habituel, richement paré et muni du foudre-diamant (*vajra*) symbole de pureté et d'indestructibilité, d'une coupe crânienne contenant le nectar de Longue Vie, et d'un sceptre rituel.

146

Rimpung, Paro. Édifié au XVIIe siècle et détruit par plusieurs incendies dont le dernier en 1907, le *dzong* de Rimpung a été rebâti selon les plans d'origine et témoigne d'une grande maîtrise technique. Les structures de bois des galeries surplombant la cour ont été ouvragées et peintes de motifs traditionnels par les habiles artisans bhoutanais.

Tashichoeling, Domkhar. La valeur et le respect accordés aux livres, enseignés très tôt aux enfants, expliquent le soin avec lequel ils sont réalisés et l'importance des bibliothèques. Le papier bhoutanais, fabriqué à la main à partir de l'écorce de deux arbustes, est réputé pour son excellente qualité.

Wangdiphodrang *(pages suivantes)*. Les fidèles qui assistent à la fête du Tshechu du *dzong* viennent souvent de loin et appartiennent à toutes les couches de la société. À l'intérieur du monastère, il est de coutume de porter une écharpe cérémonielle, dont la couleur indique le statut du possesseur, ainsi que le costume traditionnel, obligatoire dans les lieux publics et confectionné selon un tissage élaboré.

Wangdiphodrang *(pages précédentes et ci-dessous)*. Certaines danses rituelles évoquent les aspects terribles que revêtit Padmasambhava dans sa lutte contre les forces opposées à la Doctrine et à l'Éveil. Le plus souvent en bois, parfois en papier mâché, ces masques, chargés d'une grande puissance, ne peuvent être utilisés que par des initiés.

156

Wangdiphodrang *(pages précédentes et ci-dessous)***.** La danse du Jugement des morts met en scène les divinités qui émanent de l'esprit des défunts lors du *bardo* (étape qui suit la mort). Les assistants du Juge, dotés de têtes d'animaux, contribuent à évaluer les actes commis durant la vie. Dans la danse des Héros, les danseurs bondissent pour célébrer la victoire du bouddhisme et du Bien sur le Mal.

Punakha *(pages suivantes)*. Cette célèbre peinture qui, dans le *dzong*, orne le mur à l'entrée du temple, évoque par sa forme générale un mandala. Elle représente l'univers tel qu'il est décrit dans la cosmologie du *tantra* de Kalachakra, *La Roue du Temps*. Ce texte, l'un des plus importants du bouddhisme tantrique, fut introduit au Tibet par le maître indien Atisha, au XIe siècle.

Le Tibet,
pays des neiges

Kyéma ho !

Kyéma ! *Écoutez, fidèles Tibétains !*
Moi, Yéshé Tsogyal, l'Éveillée,
J'ai consumé mon corps impur
dans l'espace immaculé
Et suis devenue Bouddha
dans le champ de Lumière du Lotus,
l'espace du Réel.

La Vie de Yéshé Tsogyal, souveraine du Tibet,
de Gyalwa Tchangtchoub et Namkhai Nyingpo,
Éditions Padmakara, 1995, p. 188

Région de Dingri *(pages précédentes)*. Dans le sud du Tibet, non loin de l'Everest, cette région de hautes terres situées à quelque 5 000 m d'altitude offre de superbes panoramas sur la chaîne himalayenne, dont les sommets culminent, quant à eux, à plus de 8 000 m.

Potala, Lhassa *(ci-dessous)*. « Potala » désigne dans les textes bouddhiques le paradis d'Avalokiteshvara, situé sur une île montagneuse. Le palais-monastère des Dalaï Lama évoque ce lieu mythique, les Dalaï Lama étant les incarnations du bodhisattva. Le Potala fut édifié à partir de 1645 par le cinquième d'entre eux, à l'emplacement de l'ancienne résidence du roi Songtsen Gampo.

Potala, Lhassa. Le Ve Dalaï Lama ayant unifié le Tibet sous son autorité politique et religieuse en 1642, le Potala devint le siège du gouvernement. C'est par le palais Blanc que débutèrent les travaux ; le palais Rouge ne fut construit qu'après la mort du « Grand V^{e} ». Pièces d'apparat et appartements privés se trouvent aux étages supérieurs. Le palais Rouge renferme de grands reliquaires contenant les restes de la plupart des Dalaï Lama. Le jeu savant entre les couleurs, les lignes des fenêtres et celles des escaliers monumentaux contribuent à faire du Potala la plus belle réussite architecturale du Tibet.

Norbulingka, Lhassa. Moins imposant que le Potala, le Norbulingka, ou « Jardin de Joyaux », élevé au XVIIIe siècle dans un parc à quelques kilomètres de Lhassa, fut le palais d'été des Dalaï Lama. Accompagné d'un cortège, le Dalaï Lama s'y rendait dès le printemps. Sur la porte d'entrée, les marteaux figurent des dragons à la chinoise et une fleur de lotus.

Drepung *(pages précédentes)*. Cette tenture multicolore représentant des bouddhas assis orne la grande salle d'assemblée du monastère. Fondée en 1416, la cité monastique de Drepung, qui fut l'un des principaux sièges gelugpa du Tibet central, comptait encore plus de sept mille moines dans les années 1950.

Jokhang, Lhassa *(ci-dessus)*. Parmi les travaux entrepris par le Ve Dalaï Lama figurait l'agrandissement du sanctuaire du Jokhang. La fondation de ce grand temple remonte à Songtsen Gampo (VIIe siècle) et c'est là que fut déposée, au siècle suivant, la statue du Bouddha apportée par son épouse chinoise.

Jokhang, Lhassa. Des bannières, représentées par des cylindres en cuivre doré placés, selon la coutume, aux angles des toits en terrasse des monastères, symbolisent la victoire sur l'Ignorance, et l'Illumination spirituelle. Ce détail figure un masque léonin crachant des guirlandes de joyaux. Ce motif d'origine indienne est très employé dans le décor architectural.

Jokhang, Lhassa. Les gazelles couchées de part et d'autre de la roue évoquent le premier sermon que prononça le Bouddha, dans le parc aux gazelles de Sarnath, près de Bénarès, en Inde. Il mit alors en mouvement la Roue de la Loi (*dharmacakra*). Ce motif, symbole de son enseignement, est omniprésent dans l'iconographie et surmonte les terrasses des monastères ou des temples.

Jokhang, Lhassa *(pages précédentes)*. Les fidèles sont nombreux à se prosterner rituellement de tout leur long devant l'entrée du temple, qui demeure l'un des lieux les plus vénérés du Tibet. Les plus fervents des pèlerins répètent parfois ces prosternations sur de très longues distances, mesurant inlassablement de leur corps le chemin parcouru.

(Ci-dessus) Au sanctuaire ancien ont été ajoutés des cours et bâtiments annexes, certains abritant les appartements du Dalaï Lama. Les toitures métalliques de style chinois sont typiques de l'architecture tibétaine tardive. Leur rôle est esthétique, et non pas fonctionnel ; elles marquent, en outre, la sacralité du lieu et évoquent, par leur splendeur, les palais célestes des dieux.

Gyantse *(pages précédentes)*. Située au pied d'une forteresse, la ville fut autrefois la capitale d'une principauté puissante. Le prestigieux complexe monastique du XVe siècle, au nord de la cité, comprend, à côté du temple principal, un stupa colossal qui forme un mandala en trois dimensions dédié au bouddha suprême. Ses niveaux successifs sont creusés de chapelles.

(À droite et pages suivantes) L'intérieur des monuments présente un très riche décor sculpté et peint, certaines réalisations étant signées de leurs auteurs, une quarantaine d'artistes, principalement laïcs. Le grand temple, fondé au XIIIe siècle, fut redécoré au début du XVe siècle, période d'apogée de l'art tibétain. La plupart des sculptures sont en terre séchée, moulée et peinte, et leur style dénote une forte influence népalaise.

Gyantse. L'une des chapelles du temple principal est consacrée aux « Grands Accomplis » (*mahasiddha*), peints et sculptés de manière très vive et expressive. Ces ascètes, d'origine indienne, vécurent entre le VIIe et le XIe siècle, en dehors des communautés monastiques.

Ils jouèrent un rôle majeur dans la diffusion des enseignements ésotériques du bouddhisme tantrique en Inde, puis au Tibet, ayant eux-mêmes été initiés par des bodhisattvas et des déesses, telle Vajranairatmya *(à gauche)*. La coupe crânienne qu'ils tiennent, bien que symbole d'impermanence, contient le nectar de Longue Vie.

Tashilhunpo, Shigatse. À la sortie de la ville, capitale du Tibet méridional, le monastère gelugpa de Tashilhunpo, fondé en 1447 par le Ier Dalaï Lama, est l'un des rares à être sorti indemne de la révolution culturelle. Élevé au pied d'une colline, il s'est peu à peu étendu vers l'ouest, de nombreux bâtiments datant du « Grand V[e] ». Des sanctuaires abritent les reliques de divers pontifes.

Tashilhunpo, Shigatse. Le maître du « Grand Ve », qui était le supérieur de ce monastère, reçut de ce dernier le titre de Panchen Lama, devenant ainsi le premier d'une lignée d'incarnations des abbés de Tashilhunpo. Les Panchen Lama successifs furent les maîtres spirituels des Dalaï Lama.

Tashilhunpo, Shigatse. Les Tibétains de toutes conditions viennent accomplir leurs dévotions en ce haut lieu. Chaque année, en été, a lieu une grande fête durant laquelle les moines exécutent des danses rituelles. À cette occasion, la cour principale du monastère s'anime et attire des milliers de fidèles, venus parfois de très loin.

Région de Dingri *(ci-dessous et pages suivantes)*. La région fut une importante voie de passage entre le centre du Népal et le Tibet. Une grande forteresse, à plus de 5 000 m, surplombe l'un des nombreux monastères fondés dans la région en souvenir du maître tantrique indien Padampa Sengye, parvenu en ces lieux au XIe siècle au terme d'une longue quête.

Calendrier des fêtes

Chaque monastère possède sa fête annuelle, accompagnée de danses rituelles. Seules quelques fêtes sont citées dans la liste ci-dessous.

Ladakh et Zanskar

Fête de Dosmoche
À Leh, *en janvier-février*, à l'occasion de la nouvelle année. Elle réunit les moines de divers monastères et comprend danses sacrées et procession.

Fête de Nanrang
Au monastère de Mato, *en février-mars,* avec danses rituelles. Deux déités locales prennent possession à cette occasion de deux moines, qui jouent alors le rôle d'oracles.

Fête du monastère de Lamayuru
En mars-avril.

Fête du monastère de Hémis
En juin-juillet. Cette fête, consacrée, durant deux jours, à Padmasambhava, est la plus célèbre en raison du caractère spectaculaire de ses danses rituelles.

Fête du monastère de Karsha
En juillet, avec danses rituelles.

Fête du monastère de Sani

En juillet-août. Durant cette fête, un grand *thangka* du *mahasiddha* Naropa est déroulé devant des pèlerins venus de tout le Zanskar.

Fête du monastère de Tagthog
Dédiée à Padmasambhava, *en juillet-août.*

Fête du monastère de Spituk
En décembre-janvier, avec de nombreuses danses rituelles durant deux jours.

Népal

Losar
Cérémonies du Nouvel An tibétain, à Bodnath, *en février-mars.*

Fête de Seto Matsyendranath
À Kathmandou, *en mars-avril.* Le dieu est promené sur un grand char dans les rues de la ville, durant plusieurs jours.

Fête de Rato Matsyendranath
À Patan, *en avril-mai.* Le char de procession du dieu est cette fois gigantesque et la fête dure deux mois. Sa célébration doit assurer une mousson abondante.

Bouddha Jayanti
Anniversaire de la naissance du Bouddha, *en mai,* à Lumbini, lieu de sa naissance, et dans tout le pays. Les stupas de Swayambunath et de Bodnath sont alors décorés de milliers de lampes et des cérémonies spéciales s'y déroulent ainsi que dans les monastères.

Fête du Mataya
En août-septembre. Les fidèles visitent tous les monastères et temples bouddhiques de Patan.

Indra Jatra
À Kathmandou, *en août-septembre.* Cette grande fête dédiée au dieu Indra dure huit jours et réunit hindous et bouddhistes. Le troisième jour, la Kumari est portée en procession sur son char, à travers la ville, en présence du roi, accordant à tous sa bénédiction.

Bhoutan

Serda
Fête dédiée au dieu protecteur Mahakala, au monastère de Punakha, *en février.*

Tshechu du monastère de Paro
En mars-avril.

Tshechu du monastère de Thimphu
En septembre-octobre. Le festival du Tshechu, dédié à Padmasambhava, est célébré dans tous les *dzong* du pays.

Tibet

Depuis la présence chinoise, les fêtes religieuses sont moins développées et les religieux beaucoup moins nombreux à y participer.

Losar
Fête du Nouvel An, à Labrang, *en février-mars.* Autrefois splendide à Lhassa, elle durait un mois et incluait de nombreux rituels, danses et processions. Elle attire de nos jours la population environnante au grand monastère gelugpa de Labrang, dans l'est du pays. Un grand *thangka* du Bouddha est alors déployé.

Mönlam Chenmo
La « Grande Prière », *en février-mars,* à Lhassa. Instituée par le fondateur de l'ordre gelugpa, Tsongkhapa (1357-1419), elle avait pour but d'assurer bien et prospérité au pays, au début de l'année. Après avoir été célébrée de manière très limitée à partir de 1986, elle a été de nouveau supprimée.

Tshechu du monastère de Samye
En février-mars, consacré à Padmasambhava. Les danses rituelles, dans la cour du monastère, attirent de nombreux pèlerins.

Zhotön
« Fête du Lait caillé », à Drepung, *en juillet-août,* ainsi qu'au Norbulingka, *en août-septembre.* Du yaourt est servi à cette occasion à la population. À Drepung, un immense *thangka* du Bouddha est déployé et un spectacle de théâtre musical (Acé Lhamo), dont l'origine est attribuée à un yogi du XIVe siècle, s'y déroule ainsi qu'au Norbulingka.

Ganden Namchö
Commémoration de la mort de Tsongkhapa, au monastère de Ganden dont il fut le fondateur, *en novembre-décembre.*

Glossaire

Les mots tibétains sont indiqués en italique ; les mots sanskrits viennent dans le corps du texte.

Amoghasiddhi : « Celui qui accomplit les buts ». Bouddha lié à la direction du nord, de couleur verte dans l'iconographie, il constitue l'un des cinq jina.

Avalokiteshvara : Le « Seigneur qui regarde vers le bas ». Bodhisattva symbolisant la Compassion.

Bardo : état intermédiaire de quarante-neuf jours, qui suit la mort et précède une nouvelle naissance.

Bodhisattva : « Être promis à l'Éveil ». Être de pure compassion ayant renoncé à la Libération afin d'œuvrer pour le bien d'autrui et de guider les pratiquants. Il existe dans le bouddhisme tantrique huit bodhisattvas principaux.

Cham : danses rituelles masquées.

Dalaï Lama : « Maître-Océan » (de sagesse). Titre porté au Tibet depuis le XVIe siècle par les quatorze incarnations successives du bodhisattva Avalokiteshvara. À partir du cinquième de la lignée, au XVIIe siècle, les Dalaï Lama exercèrent la direction à la fois spirituelle et temporelle du pays.

Dukhang : salle d'assemblée des moines.

Dungchen : longues trompes télescopiques, jouées par paires.

Dzong : monastères-forteresses du Bhoutan, où sont réunis un monastère d'État et les bureaux du pouvoir administratif et judiciaire d'une région. Ce système se développa à partir du XVIIe siècle dans le pays.

Guru : maître spirituel.

Jina : « victorieux, vainqueurs ». Groupe de cinq bouddhas transcendants, non historiques, associés aux cinq régions de l'espace (les quatre points cardinaux et le centre). Chacun d'eux représente un principe d'Éveil, une qualité particulière.

Kalacakra : La « Roue du Temps ». Divinité tutélaire personnifiant l'un des textes majeurs du bouddhisme tantrique, rédigé en Inde vers le IXe siècle et introduit au Tibet au XIe.

Khyung : oiseau mythique.

Kumari : fillette choisie, au Népal, au sein d'une famille bouddhiste pour incarner la déesse hindoue Durga sous sa forme de Taleju, protectrice du pays.

Lama : maître spirituel, équivalent du terme sanskrit « guru ».

Mahasiddha : « Grands Accomplis ». Ascètes d'origine indienne, dont la tradition fixe le nombre à quatre-vingt-quatre, et qui entre le VIIe et le XIe siècle jouèrent un rôle majeur dans la diffusion des enseignements du bouddhisme tantrique en Inde et au Tibet.

Mandala : « disque », « cercle », « territoire ». Désigne dans le bouddhisme tantrique la projection en deux ou trois dimensions de l'univers d'une divinité, sous la forme d'un diagramme centré et orienté, qui sert de support à la méditation, aux rituels d'initiation.

Manjushri : « Douce Gloire ». Bodhisattva symbolisant la Connaissance.

Mantra : formule sacrée dont le son répété possède de puissants pouvoirs, créateur, transformateur, protecteur. Le bouddhisme tantrique est parfois désigné par le terme « mantrayana », « voie des mantras ». À chaque divinité est associé un mantra particulier.

Meru : montagne cosmique et axe du monde dans la cosmologie indienne.

Padmasambhava : grand maître du bouddhisme tantrique du VIIIe siècle, originaire du nord-ouest de l'Inde.

Panchen Lama : « Maître grand érudit ». Titre donné au Tibet, à partir du XVIIe siècle, aux incarnations successives des abbés du monastère de Tashilhunpo, qui furent les maîtres spirituels des Dalaï Lama.

Perak : coiffe traditionnelle des femmes ladakhies.

Stupa : monument commémoratif destiné à abriter les reliques de saints personnages du bouddhisme ou à indiquer le caractère sacré du lieu où il est construit.

Tantra : « fil », « trame ». Catégorie particulière de textes ésotériques, rédigés en Inde à partir du VIIe siècle environ. Le terme de tantrisme a été forgé en français à partir de ce mot sanskrit.

Tara : La « Salvatrice ». Contrepartie féminine d'Avalokiteshvara.

Thangka : « chose que l'on déroule ». Désigne au Tibet toute image religieuse destinée à être roulée et s'applique, notamment, aux peintures portatives, traditionnellement entourées d'un montage de textile et munies d'un voile de protection ainsi que de deux bâtons permettant de les enrouler de bas en haut.

Vajra : « foudre-diamant ». Objet rituel majeur du bouddhisme tantrique, en forme de petit haltère, doté de deux séries de pointes incurvées, et qui possède une très grande richesse symbolique.

Vajracarya : prêtre du bouddhisme tantrique.

Vajrayana : « Véhicule du Diamant ». Courant ésotérique du bouddhisme, qui se développe en Inde à partir du VIIe siècle environ.

Bibliographie

Jean-Philippe Avouac, Patrick de Wever (sous la direction de)
Himalaya-Tibet. Le choc des continents,
CNRS Éditions et Muséum d'histoire naturelle, 2002.

Nathalie Bazin (sous la direction de)
Rituels tibétains. Visions secrètes du Ve Dalaï Lama,
Éditions de la Réunion des musées nationaux, 2002.

Gilles Béguin, Takeji Iwamiya
Les cimes de l'Éveil. Monastères bouddhiques du Ladakh,
Hologramme, 1990.

John Blofeld
Le Bouddhisme tantrique du Tibet,
Éditions du Seuil, coll. Points Sagesses, 1976.

Hervé Champollion, Nathalie Bazin
Ladakh, Zangskar. Royaumes de l'Himalaya,
Éditions Hermé, 2001.

Anne Chayet
Art et archéologie du Tibet,
Éditions Picard, 1994.

Alain Chenevière
Himalaya,
Éditions Vilo, coll. Mémoires du monde, 1998.

Pierre Chuvin (sous la direction de)
Les Arts de l'Asie centrale,
Citadelles et Mazenod, 1999.

Philippe Cornu
Dictionnaire encyclopédique du bouddhisme,
Éditions du Seuil, 2001 ;

Padmasambhava. La magie de l'Éveil,
Éditions du Seuil, coll. Points Sagesses, 1997.

Pascale Dollfus
Lieu de neige et de genévriers : organisation sociale et religieuse des communautés bouddhistes du Ladakh,
Éditions du CNRS, 1989.

Olivier et Danielle Föllmi, Mathieu Ricard
Himalaya bouddhiste,
Éditions de La Martinière, 2002.

Charles Genoud, Takao Inoue
Peinture bouddhique du Ladakh,
Éditions Olizane, 1981.

Roger Goepper, Jaroslav Poncar
Alchi, Ladakh's Hidden Buddhist Sanctuary, the Sumtsek,
Serindia, 1996.

Richard Gombrich (sous la direction de),
Le Monde du bouddhisme,
Éditions Bordas, 1984.

Émile Guimet, Gustave Le Bon
Mirages indiens. De Ceylan au Népal,
Éditions Phébus, 1992.

Suzanne Held, Gilles Béguin
Népal. Vision d'un art sacré,
Éditions Hermé, 1996.

Suzanne Held, Louis Frédéric
Inde. Vision de lumière,
Éditions Hermé, 1995.

Amy Heller
Arts et sagesses du Tibet,
Éditions Zodiaque, 1999.

Michel Jan
Le Voyage en Asie centrale et au Tibet,
Robert Laffont, coll. Bouquins, 1992.

Deborah E. Klimburg-Salter
Tabo, a Lamp for the Kingdom,
Skira, 1997.

Sylvain Levi
Le Népal. Étude historique d'un royaume hindou,
2 vol., Éditions Errance, 1985.

Éric Lobo, Katia Buffetrille
Tibet, jours de fête,
Romain Pagès Éditions, 2002.

Thierry Mathou
Bhoutan, dernier royaume bouddhiste de l'Himalaya,
Kailash Éditions, 1998.

Pratapaditya Pal, Lionel Fournier
Alchi, une merveille de l'art bouddhique, Ladakh,
Ravi Kumar, 1983.

Françoise Pommaret
Bhoutan. Un royaume de l'Himalaya,
Éditions Olizane, 1984 ;

Le Tibet. Une civilisation blessée,
Découvertes Gallimard, 2002.

Janet Rizvi
Ladakh, Crossroads of High Asia,
Oxford University Press, 1983.

Directeur artistique *Yann Le Duc*
Conception graphique *Anne Brézès*

Photographies © *Suzanne Held*

ISBN : 2-74-241254-9
Numéro d'édition : 124689
Dépôt légal : septembre 2003
Imprimé en Italie par Stige
Fabrication : CPE conseil

CHINE
TIBET
INDE
NÉPAL
LADAKH
ZANSKAR
SPITI
Himalaya
8611
K2
Indus
Leh
Spituk p. 50-51
Shey p. 38-41
Tiktse p. 28-29 ; 32-33 ; 44-45 ; 48-49
Ridzong
p. 42-43 ; 46
Fotu-La (col de)
p. 30-31
Lamayuru p. 36-37 ; 47
Tagthog p. 56-57
Hémis
p. 52-55
Chemre p. 34-35
Alchi p. 58-61
Rangdum
p. 62-63
Zangla p. 64-65
Thongde p. 66-67
Padum p. 68-75
Indus
Zanskar
Indus
Losar p. 84-85
Kye p. 78-81 ; 86-87
Kunzum (col de) p. 90-91
Dankar p. 76-77 ; 82-83
Tabo p. 88-89
Pin
Spiti
Sutlej
Mont Kaïlash
7817
Nanda Devi
Gange
Tsangpo (Brahmapoutre)
Sankhu
p. 106 ; 108-1
Bodnat
p. 103-1
8091
Annapurna
Chabahil p. 107
Swayambunath p. 96-102
Patan p. 113-119
New Delhi
Ghaghara
Gange
Lucknow
Kanpur
Gandak
Chambal
Betwa
Yamuna
100 km
New Delhi CAPITALE D'ÉTAT
Tabo p. 88-89 LIEU PHOTOGRAPHIÉ DANS L'OUVRAGE